Tanja Reimbold

KomplettWissen Gymnasium

Mathematik 5–8

5./6. Schuljahr

Klett Lernen und Wissen

Autorin des Buches
Tanja Reimbold ist Gymnasiallehrerin für die Fächer Mathematik und Physik in Baden-Württemberg.

Autoren der Arbeitsblätter
Hans Borucki, Heike Homrighausen, Dirk Lehmann, Helge Miller, Tanja Reimbold, Rüdiger Sandmann, Barbara Stockburger

Bibliographische Information Der Deutschen Bibliothek
Die Deutsche Bibliothek verzeichnet diese Publikation in der Deutschen Nationalbibliographie; detaillierte bibliographische Daten sind im Internet über http://dnb.ddb.de abrufbar.

Auflage 4 3 2 1 | 2011 2010 2009 2008
Die letzten Zahlen bezeichnen die Auflage und das Jahr des Druckes.

„Das Werk und seine Teile sind urheberrechtlich geschützt. Jede Nutzung in anderen als den gesetzlich zugelassenen Fällen bedarf der vorherigen schriftlichen Einwilligung des Verlages. Hinweis § 52 a UrhG: Weder das Werk noch seine Teile dürfen ohne eine solche Einwilligung überspielt, gespeichert und in ein Netzwerk eingestellt werden. Dies gilt auch für Intranets von Schulen und sonstigen Bildungseinrichtungen."

© Klett Lernen und Wissen GmbH, Stuttgart 2008
Alle Rechte vorbehalten
Internetadresse: http://www.klett.de/lernhilfen
Umschlagfotos: Corbis, Düsseldorf/Emely/zefa – Thomas Weccard, Ludwigsburg – Corbis Düsseldorf/zefa/Hackenberg
Illustrationen: Sven Palmowski, Barcelona; Helmut Holtermann, Dannenberg (Bd. 5/6, S. 51, 52, 53); Uwe Alfer, Waldbreitbach (Bd. 5/6 S. 66, 67, 78, 103); Steffen Jähde, Berlin (Bd. 7/8, S. 6, 14, 16, 18, 24, 62, 76, 94, 114, 118);
Bildnachweis: Foto Bd. 5/6 S. 52: Deutsches Spielkartenmuseum Leinfelden-Echterdingen
Satz: Meyle + Müller, Medien-Management, Pforzheim
Reproduktion: Meyle + Müller, Medien-Management, Pforzheim
Druck: Mediahaus Biering GmbH, München
Printed in Germany
ISBN 978-3-12-926027-2

Inhalt

1 Natürliche Zahlen
Zahlbegriff 6
Große Zahlen 8
Runden von Zahlen 10
Diagramme 12
Stellenwertsysteme 14
Größen und Einheiten 16
Größen mit Komma 18

2 Rechnen in ℕ
Addition und Subtraktion 20
Schriftliches Addieren 22
Schriftliches Subtrahieren 24
Multiplikation und Division 26
Schriftliches Multiplizieren 28
Schriftliches Dividieren 30
Rechenausdrücke 32
Rechengesetze der Addition 34
Weitere Rechengesetze 36
Potenzen 38
Teiler und Vielfache 40
Primzahlen 42

3 Geometrische Grundbegriffe
Koordinatensysteme 44
Strecken und Geraden 46
Lage von Geraden 48
Achsensymmetrie 50
Punktsymmetrie 52

Inhalt

4 Flächen
Figuren und Vielecke … 54
Besondere Vierecke … 56
Flächeneinheiten … 58
Flächeninhalt und Umfang eines Rechtecks … 60
Parallelogramm … 62
Dreieck … 64

5 Körper
Körper … 66
Quader und Würfel … 68
Volumen und Einheiten … 70

6 Ganze Zahlen
Negative Zahlen … 72
Addieren und Subtrahieren … 74
Multiplizieren und Dividieren … 76
Rechenausdrücke … 78

7 Bruchzahlen
Bruchteile … 80
Kürzen und Erweitern … 82
Größenvergleich von Brüchen … 84
Brüche und Prozente … 86
Addition und Subtraktion … 88
Multiplikation und Division mit einer ganzen Zahl … 90
Multiplikation und Division mit einem Bruch … 92

Inhalt

8 Dezimalzahlen
Dezimalschreibweise	94
Addieren und Subtrahieren	96
Multiplizieren	98
Dividieren	100
Zahlenbereiche	102

9 Terme und Gleichungen
Grundregeln	104
Terme mit einer Variablen	106
Terme aufstellen	108
Gleichungen	110

10 Winkel und Kreis
Winkel	112
Kreise und Kreisausschnitte	114

11 Zuordnungen – Dreisatz
Zuordnungen	116
Proportionale Zuordnungen	118
Dreisatz bei proportionalen Zuordnungen	120
Antiproportionale Zuordnungen	122
Dreisatz bei antiproportionalen Zuordnungen	124

Register	126

1 Natürliche Zahlen — Zahlbegriff

AB 1

Die Zahlen, mit denen wir zählen, heißen natürliche Zahlen.

Die **Menge der natürlichen Zahlen** wird mit ℕ bezeichnet und setzt sich aus folgenden Zahlen zusammen: 0; 1; 2; 3; 4; ... usw.
Alle natürlichen Zahlen sind positiv.
Man kann sie auf einem Zahlenstrahl darstellen als Abfolge von Punkten im Abstand 1.

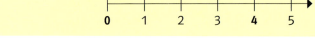

Zu jeder natürlichen Zahl kann man 1 hinzuzählen und erhält eine daraufolgende Zahl. Diese Zahl heißt **Nachfolger**. Da jede Zahl einen Nachfolger hat, gibt es keine größte natürliche Zahl.

Beispiel

4 ist der Nachfolger von 3, da 4 = 3 + 1.

Außer zur Null, kann man von jeder natürlichen Zahl 1 abziehen und erhält die vorangegangene Zahl. Diese Zahl heißt **Vorgänger**. Die Null ist die kleinste natürliche Zahl.

Beispiel

6 ist der Vorgänger von 7, da 6 = 7 − 1.

Will man natürliche Zahlen miteinander vergleichen, so benutzt man die Begriffe größer und kleiner, d.h. 8 ist größer als 5 oder 7 ist kleiner als 9. Hierfür wurden in der Mathematik Abkürzungen eingeführt.
Für 8 ist **größer als** 5 schreibt man kurz: 8 > 5
Für 7 ist **kleiner als** 9 schreibt man kurz: 7 < 9.

Natürliche Zahlen 1

Zahlbegriff

Mit diesen 10 Ziffern (0, 1, …, 9) können wir auch größere Zahlen wie z. B. 100 darstellen. Denn in unserem Zahlensystem hängt die Bedeutung einer Ziffer von der Stellung innerhalb der Zahl ab. Ein solches System nennt man auch **Stellenwertsystem**.

Unser Stellenwertsystem heißt Zehnersystem. Es gibt jedoch auch andere Stellenwertsysteme. Diese werden in einem eigenen Kapitel behandelt.

Zehnersystem:

Hier werden 10 Einer zu 1 Zehner, 10 Zehner zu 1 Hunderter, 10 Hunderter zu 1 Tausender usw. zusammengefasst. Man erhält den Wert einer Stelle, indem man die vorangegangene Stelle mit 10 multipliziert.

	ZT	T	H	Z	E
…	10 000er	1000er	100er	10er	1er
…	7	8	5	9	2
		3	4	7	5

$7 \cdot 10\,000 + 8 \cdot 1\,000 + 5 \cdot 100 + 9 \cdot 10 + 2 \cdot 1 = 78\,592$
$3 \cdot 1000 + 4 \cdot 100 + 7 \cdot 10 + 5 \cdot 1 = 3\,475$

Wissen kurz gefasst ✓

Menge der natürlichen Zahlen: $\mathbb{N} = \{0, 1, 2, 3, …\}$.

Jede natürliche Zahl hat einen Nachfolger. Es gibt keine größte natürliche Zahl.

Jede natürliche Zahl außer der Null hat einen Vorgänger. Die kleinste natürliche Zahl ist die Null.

Der Wert einer Ziffer hängt von der Stellung innerhalb der Zahl ab.

1 Natürliche Zahlen — Große Zahlen

AB 2

Entfernung Erde zur Sonne: ~ 150 Millionen km

Um die Weltbevölkerung oder das Weltall beschreiben zu können, brauchen wir große Zahlen. Diese Zahlen haben ihren eigenen Namen und ihre eigene Schreibweise.

Bezeichnungen für große Zahlen

1 Million	= 1000 Tausender	=	1 000 000
1 Milliarde	= 1000 Millionen	=	1 000 000 000
1 Billion	= 1000 Milliarden	=	1 000 000 000 000
1 Billiarde	= 1000 Billionen	=	1 000 000 000 000 000
1 Trillion	= 1000 Billiarden	=	1 000 000 000 000 000 000
1 Trilliarde	= 1000 Trillionen	=	1 000 000 000 000 000 000 000
1 Quadrillion	= 1000 Trilliarden	=	1 000 000 000 000 000 000 000 000

…

Schreibweisen für große Zahlen

1 000	= 10^3	(1 mit 3 Nullen)
1 000 000	= 10^6	(1 mit 6 Nullen)
1 000 000 000	= 10^9	(1 mit 9 Nullen)
1 000 000 000 000	= 10^{12}	(1 mit 12 Nullen)

…

Beispiel

Siebzigtausend: $70\,000 = 7 \cdot 10^4$
6 Billionen: $6\,000\,000\,000\,000 = 6 \cdot 10^{12}$
9 Milliarden: $9\,000\,000\,000 = 9 \cdot 10^9$
4 Trilliarden: $4\,000\,000\,000\,000\,000\,000\,000 = 4 \cdot 10^{21}$

Damit man große Zahlen besser und schneller lesen kann, unterteilt man die Ziffern in Dreierpäckchen (von rechts nach links).

Natürliche Zahlen

Große Zahlen

Um eine große Zahl schneller zu erfassen, benutzt man eine Stellentafel. Dabei gibt die Stelle, an der die Ziffer steht, ihre Bedeutung an. Da der Wert einer Stelle das Zehnfache der vorangegangenen Stelle ist, hat man hier ein Zehnersystem.

Billion			Milliarde			Million			Tausend					
H	Z	E	H	Z	E	H	Z	E	H	Z	E	H	Z	E
									7	2	3	4	5	0
						5	7	0	8	9	5	4	0	0
				4	3	0	7	0	6	5	4	3	0	2
	3	4	0	0	4	6	2	1	0	9	7	6	0	4

H = Hunderter; Z = Zehner; E = Einer

Zahlen unter eine Million schreibt man zusammen und klein.
Zahlen über einer Million schreibt man getrennt und groß.

Durchmesser der Sonne: 1 391 600 km
eine Million dreihunderteinundneunzigtausendsechshundert

Weltbevölkerung: ca. 6 511 600 000
sechs Milliarden fünfhundertelf Millionen sechshunderttausend

Insektenarten: 760 000
siebenhundertsechzigtausend

Beispiel

Wissen kurz gefasst ✓

Große Zahlen haben ihre eigenen Bezeichnungen und Schreibweisen.
Man kann sie besonders übersichtlich in einer Stellentafel darstellen.
Hierbei gibt die Position der Ziffer ihre Bedeutung wieder. Der Wert einer Stelle ist das Zehnfache der vorangegangenen Stelle.

1 Natürliche Zahlen — Runden von Zahlen

AB 3

Bei großen Zahlen ist der genaue Wert der Zahl oft nicht so wichtig. Deshalb rundet man diese Zahlen: $3\,658\,987 \approx 3\,700\,000$.
Dabei muss man sich entscheiden, auf welche Stelle man die Zahl sinnvoll rundet. Es gibt immer mehrere Möglichkeiten eine Zahl zu runden.

Beispiel

Deine Eltern kaufen sich ein neues Auto für 34 980 Euro. Dein Freund möchte wissen, was das Auto gekostet hat. Du rundest den Wert auf 35 000 Euro. Auf Zehntausender, d.h. 30 000 Euro zu runden, wäre nicht sinnvoll. Ein Auto für 26 000 Euro würde nämlich den gleichen Rundungswert ergeben.

Vorgehensweise beim Runden:
- Wähle eine geeignete Rundungsstelle.
- Betrachte die Ziffer rechts von deiner Rundungsstelle.
- Beträgt diese Ziffer 0, 1, 2, 3, 4, so wird abgerundet. Dabei bleibt die Rundungsziffer erhalten. Alle Ziffern rechts davon werden null.
- Beträgt diese Ziffer 5, 6, 7, 8, 9 so wird aufgerundet. Dabei wird zur Rundungsziffer 1 hinzugezählt. Auch hier werden alle Ziffern rechts davon null.

Tipp

Handelt es sich bei der Rundungsziffer um eine 9, so musst du aufpassen. Es verändert sich nämlich nicht nur die Rundungsziffer, sondern auch die Ziffern davor.

Natürliche Zahlen 1

Runden von Zahlen

Runde folgende Zahlen auf Tausender (T), Hunderter (H) und Zehner (Z):

Beispiel

Gegeben	Lösung		
	T	H	Z
7 514	8 000	7 500	7 510
26 984	27 000	27 000	26 980
92 349	92 000	92 300	92 350
105 105	105 000	105 100	105 110

Für gerundete Zahlen schreibt man ≈ :
45 637 ≈ 45 600

Wissen kurz gefasst ✓

Ist die Ziffer rechts von der Rundungsstelle 0, 1, 2, 3, 4, so rundet man ab. Die Rundungsziffer bleibt erhalten.
Ist die Ziffer rechts von der Rundungsstelle 5, 6, 7, 8, 9, so rundet man auf. Zur Rundungsziffer wird 1 hinzuaddiert.
Alle Ziffern rechts von der Rundungsstelle werden null.
Ist die Rundungsziffer eine 9, so musst du genau aufpassen. Es ändert sich auch die Ziffer davor.

1 Natürliche Zahlen — Diagramme

Um Zahlen bzw. Daten zu vergleichen oder zu veranschaulichen, benutzt man Tabellen oder Diagramme. Du findest Diagramme z. B. in Zeitungen zur Darstellung der Ergebnisse von Umfragen oder in deinem Erdkundebuch bei Temperatur- oder Niederschlagswerten.

In einer **Tabelle** werden Texte und Daten in Form von Zeilen und Spalten dargestellt. Der Text und die Daten beziehen sich aufeinander. Aus einer Tabelle kann man die Zahlen sofort ablesen.

In einem **Diagramm** werden die Zahlen anschaulich verglichen. Bevor man das Diagramm zeichnet, überlegt man sich mit dem größten vorkommenden Wert einen geeigneten Maßstab. Man unterscheidet zwischen Säulen- und Balkendiagramm. In einem Säulendiagramm stehen die Säulen senkrecht, in einem Balkendiagramm waagerecht.
Aus einem Diagramm kann man die Zahlen schlecht ablesen.

Beispiel

In einer Klasse mit 32 Schülern wird eine Umfrage zur Lieblingsfarbe durchgeführt.

Tabelle:

Lieblingsfarbe				
Rot	Grün	Gelb	Blau	Schwarz
10	6	9	5	2

Säulendiagramm

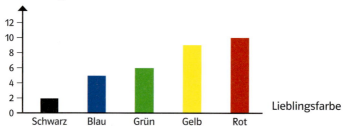

Diagramme   Natürliche Zahlen 1

Balkendiagramm

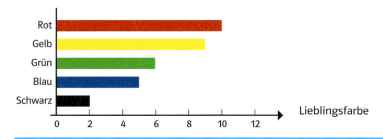

Wie erstelle ich ein Diagramm?
- Überlege dir anhand der Tabelle, welche Daten du in einem Diagramm darstellen möchtest.
- Mittels des größten Wertes findest du einen geeigneten Maßstab.
- Zeichne deine beiden Achsen (mit Lineal) und beachte dabei deinen Maßstab.
- Nun kannst du deine Säulen einzeichnen. Diese ordnest du nach ihrer Größe.

Zum Auszählen der Ergebnisse kann eine Strichliste hilfreich sein. Jeder fünfte Strich wird schräg durch die vorangehenden senkrechten Striche gezogen. Mit einer solchen Strichliste hat man einen guten Überblick.

Rot	ℍℍ ℍℍ
Grün	ℍℍ I
Gelb	ℍℍ IIII
Blau	ℍℍ
Schwarz	II

Wissen kurz gefasst ✓

Mit einer Tabelle kann man die einzelnen Zahlen sehr schnell ablesen.
Ein Diagramm dient zur Veranschaulichung von Zahlen. Eine Zunahme oder Abnahme ist sofort ersichtlich. Die Zahlen sind aber meist schlecht ablesbar. Man muss immer auf den Maßstab achten.

1 Natürliche Zahlen — Stellenwertsysteme

Der Computer kennt nur 2 Ziffern, 0 und 1. Mit diesen Ziffern muss er alle Zahlen darstellen können. Um dies zu bewältigen, benutzt er das so genannte Zweier- oder Dualsystem.

Wie wir von unserem Zahlensystem, dem **Zehnersystem** wissen, hängt die Bedeutung einer Ziffer von der Stellung innerhalb der Zahl ab. Es gibt außer dem Zehnersystem weitere **Stellenwertsysteme**.

Im Alltag rechnen wir im Zehnersystem, also einem System mit 10 Zahlzeichen 0, ..., 9. Alle höheren Zahlen werden als Kombination aus diesen Zahlen geschrieben. Die ersten 20 Zahlen im Zehnersystem lauten: 1, 2, 3, 4, 5, 6, 7, 8, 9, 10, 11, 12, 13, 14, 15, 16, 17, 18, 19, 20.

Der Computer hingegen verwendet das Zweiersystem, d.h. er stellt alle Zahlen mithilfe der Ziffern 0 und 1 dar. Die ersten 20 Zahlen im Zweiersystem lauten: 1, 10, 11, 100, 101, 110, 111, 1000, 1001, 1010, 1011, 1100, 1101, 1110, 1111, 10 000, 10 001, 10 010, 10 011, 10 100

Zehnersystem:

Hier werden 10 Einer zu 1 Zehner, 10 Zehner zu 1 Hunderter, 10 Hunderter zu 1 Tausender usw. zusammengefasst. Man erhält den Wert einer Stelle, indem man die vorangegangene Stelle mit 10 multipliziert.

...	10 000er	1 000er	100er	10er	1er
	7	8	5	9	2
		3	4	7	5

$7 \cdot 10\,000 + 8 \cdot 1000 + 5 \cdot 100 + 9 \cdot 10 + 2 \cdot 1 = 78\,592$
$3 \cdot 1000 + 4 \cdot 100 + 7 \cdot 10 + 5 \cdot 1 = 3\,475$

Stellenwertsysteme — Natürliche Zahlen 1

Zweiersystem:

Im Zweiersystem werden 2 Einer zu 1 Zweier, 4 Einer zu 1 Vierer, 8 Einer zu 1 Achter usw. zusammengefasst. Man erhält den Wert einer Stelle, indem man die vorangegangene Stelle mit 2 multipliziert.

...	32er	16er	8er	4er	2er	1er
			1	0	1	1
	1	0	1	1	0	0

(1011) = 1 · 8 + 0 · 4 + 1 · 2 + 1 · 1 = 8 + 2 + 1 = 11
(101100) = 1 · 32 + 0 · 16 + 1 · 8 + 1 · 4 + 0 · 2 + 0 · 1 = 32 + 8 + 4 = 44

Man kann sich auf diese Weise jede Art von System bauen.

Zum Beispiel das Fünfersystem:

...	125er	25er	5er	1er
	2	0	4	3
		4	3	0

(2043) = 2 · 125 + 0 · 25 + 4 · 5 + 3 · 1 = 250 + 20 + 3 = 273
(430) = 4 · 25 + 3 · 5 + 0 · 1 = 100 + 15 = 115

Wissen kurz gefasst ✓

Das Zehner- und das Zweiersystem sind Stellenwertsysteme.
Der Wert einer Ziffer hängt von der Stelle ab, an der die Ziffer in einer Zahl steht.

1 Natürliche Zahlen

Größen und Einheiten

Mit **Einheiten** sind wir in der Lage Größen miteinander zu vergleichen. So können **Längeneinheiten**, wie der Weg zur Schule nur dann verglichen werden, wenn beide entweder in Meter (m) oder beide in Kilometer (km) angegeben werden. Auch **Gewichtsangaben** oder **Zeitdauern** können nur bei gleicher Einheit wie z. B. Kilogramm (kg) oder Stunden (h) miteinander in Bezug gesetzt werden.

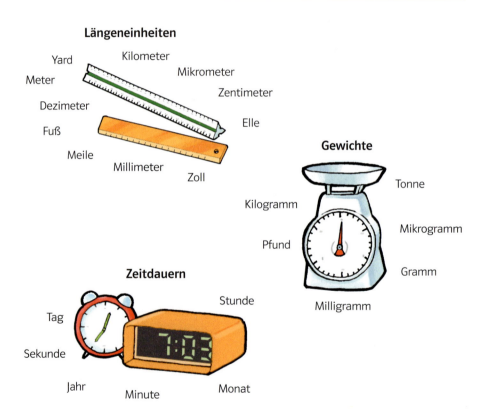

Im Alltag gebräuchliche Einheiten sind:
Längeneinheiten: Kilometer (km), Meter (m), Dezimeter (dm), Zentimeter (cm) und Millimeter (mm).
Gewichte: Tonne (t), Kilogramm (kg), Gramm (g) und Milligramm (mg)
Zeitangaben: Tag (d), Stunde (h), Minute (min) und Sekunde (s).

Größen und Einheiten   Natürliche Zahlen   **1**

Umrechnen von Längeneinheiten:
1 km = 1000 m = 10 000 dm = 100 000 cm = 1 000 000 mm
1 m = 10 dm = 100 cm = 1000 mm
1 dm = 10 cm = 100 mm
1 cm = 10 mm

Umrechnen von Gewichten:
1 t = 1000 kg = 1 000 000 g = 1 000 000 000 mg
1 kg = 1000 g = 1 000 000 mg
1 g = 1000 mg

Umrechnen von Zeitangaben:
1 d = 24 h
1 h = 60 min
1 min = 60 s

---

6 km = 6000 m; 80 dm = 8 m; 5 dm = 500 mm; 3 m 2 dm = 32 dm
2 t = 2000 kg; 5000 mg = 5 g; 3570 g = 3 kg 570 g; 5 g 10 mg = 5010 mg
120 min = 2 h; 360 s = 6 min; 2 d 3 h = 51 h; 3600 s = 1 h

Beispiel

Wissen kurz gefasst ✓

Eine Einheit gibt uns die Möglichkeit, Größen miteinander zu vergleichen.
Längeneinheiten: km, m, dm, cm, mm
Gewichte: t, kg, g, mg
Zeitangaben: d, h, min, s

1 Natürliche Zahlen

Größen mit Komma

AB 4
AB 5
AB 6
AB 7

Manchmal ist es sinnvoll, Größen in Kommaschreibweise anzugeben, z. B. 350 cm = 3,5 m
Um Größen, die in Kommaschreibweise angegeben sind, in Größen ohne Komma umzuwandeln oder auch umgekehrt, benutzt du am besten eine Stellenwerttafel.

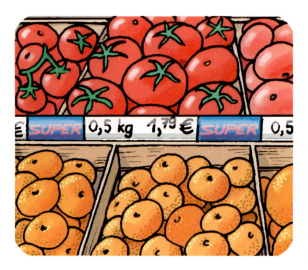

Im Alltag findest du häufig Größen in Kommaschreibweise, z. B. Gewichtsangaben im Supermarkt oder Längenangaben bei Möbeln.

Umrechnung von Größen mit Komma in Größen ohne Komma:

t	kg	g	mg
H Z E	H Z E	H Z E	H Z E
	4 8 7	5	
1 2 6	5 8		
		3 4	6 9

4,875 kg = 4 kg 875 g = 4 875 g
12,658 t = 12 t 658 kg = 12 658 kg
3,469 g = 3 g 469 mg = 3 469 mg

km	m	dm	cm	mm
H Z E	H Z E	E	E	E
9	7 3 2			
	3	2	8	5
	4	0	1	0	5

9,732 km = 9 km 732 m = 9 732 m
32,85 dm = 32 dm 85 mm = 32 85 mm
40,105 m = 40 m 105 mm = 40 105 mm

18

Größen mit Komma — Natürliche Zahlen 1

Umrechnung von Größen ohne Komma in Größen mit Komma:

t			kg			g			mg		
H	Z	E	H	Z	E	H	Z	E	H	Z	E
						6	5	4	8	9	
			4	8	6	9					
									1	5	8	5

65 489 g = 65 kg 489 g = 65,489 kg
4 869 kg = 4 t 869 kg = 4,869 t
1 585 mg = 1 g 585 mg = 1,585 g

km			m			dm	cm	mm
H	Z	E	H	Z	E	E	E	E
	7	0	2	3	6			
				4	7	1	0	
				6	8	5	2	1

70 236 m = 70 km 236 m = 70,236 km
4 710 cm = 471 dm = 47 m 1 dm = 47,1 m
68 521 mm = 685 dm 21 mm = 685,21 dm

Um mit Größen in Kommaschreibweise zu rechnen, d.h. diese addieren, subtrahieren, multiplizieren oder dividieren, schreibt man sie zunächst ohne Komma und in der gleichen Einheit. Hast du das Ergebnis bestimmt, kannst du es wieder in Kommaschreibweise bringen.

5,6 g + 78,4 g = 5 600 mg + 78 400 mg = 84 000 mg = 84 g
8,5 kg − 65 g = 8 500 g − 65 g = 8 435 g = 8,435 kg
2,4 m : 6 = 24 dm : 6 = 4 dm = 0,4 m
22,5 cm · 3 = 225 mm · 3 = 675 mm = 67,5 cm = 6,75 dm

Beispiel

Wissen kurz gefasst ✓

Um Größen ohne Komma in Größen mit Komma umzuwandeln oder umgekehrt, benutzt du am besten eine Stellenwerttafel.
Damit du Größen mit Komma leichter addieren, subtrahieren, multiplizieren oder dividieren kannst, wandelst du sie in Größen ohne Komma um und rechnest damit wie bisher. Dein Ergebnis kannst du am Ende wieder in Kommaschreibweise umformen.

2 Rechnen in ℕ — Addition und Subtraktion

AB 8

Im Alltag, z. B. im Supermarkt, benutzen wir die vier Grundrechenarten. Dazu gehören das Addieren und Subtrahieren, sowie das Multiplizieren und Dividieren. In der Mathematik benutzt man in diesem Zusammenhang Fachausdrücke.

Addieren
Addiert man zwei Zahlen miteinander, so nennt man das Ergebnis eine **Summe**.
So sagt man z. B.: Wenn man 245 und 34 miteinander addiert, so erhält man die Summe 279.
Die beiden Zahlen 245 und 34 heißen **Summand**. Zwischen die beiden Summanden setzt man ein Pluszeichen.

$$245 \quad + \quad 34 \quad = \quad 279$$
$$\text{1. Summand} \qquad \text{2. Summand} \qquad \text{Summe}$$

Subtrahieren
Subtrahiert man zwei Zahlen voneinander, so nennt man das Ergebnis eine **Differenz**. So sagt man z. B.: Wenn man 75 von 275 subtrahiert, so erhält man die Differenz 200.
Die Zahl 275 nennt man **Minuend**, die Zahl 75 **Subtrahend**. Zwischen die beiden Zahlen schreibt man ein Minuszeichen.

$$275 \quad - \quad 75 \quad = \quad 200$$
$$\text{Minuend} \qquad \text{Subtrahend} \qquad \text{Differenz}$$

Die hier verwendeten Begriffe kommen aus der lateinischen Sprache und haben folgende Bedeutung:

Summand   : hinzuzählende Zahl
Summe   : Gesamtzahl
Minuend   : Zahl, von der etwas abgezogen wird
Subtrahend : Zahl, die abgezogen wird
Differenz : Unterschied

Addition und Subtraktion

Rechnen in ℕ 2

Zusammenhang zwischen Addition und Subtraktion:
Bei diesen beiden Rechenarten handelt es sich um entgegengesetzte Rechenoperationen.
So kann das Addieren einer Zahl durch das Subtrahieren dieser Zahl rückgängig gemacht werden.
Das Subtrahieren einer Zahl kann durch das Addieren derselben Zahl rückgängig gemacht werden.
Diese Eigenschaft kann dir bei der Kontrolle von Ergebnissen hilfreich sein oder beim Finden von gesuchten Zahlen.

a) Berechne folgende Aufgabe und kontrolliere dein Ergebnis mit Hilfe der entgegengesetzten Rechenoperation.
423 – 48 = 375 Subtraktion
Umgekehrte Rechenart: Addition
375 + 48 = 423

b) Bestimme die gesuchte Zahl:
_____ – 4 000 = 6 872
Mittels der entgegengesetzten Rechenoperation, in diesem Fall der Addition, kannst du das Ergebnis ganz einfach bestimmen:
6 872 + 4 000 = 10 872

Beispiel

Wissen kurz gefasst ✓

Die Addition und die Subtraktion sind entgegengesetzte Rechenoperationen und gehören zu den vier Grundrechenarten.
Bei der Addition nennt man das Ergebnis Summe und die zu addierenden Zahlen Summanden.
Bei der Subtraktion nennt man das Ergebnis Differenz und die beiden Zahlen Minuend bzw. Subtrahend.

2 Rechnen in ℕ — Schriftliches Addieren

AB 9
AB 10

Bei großen Zahlen ist es schwierig, diese im Kopf zu addieren. Durch schriftliches Addieren kann man sich das Leben erleichtern.

Um Zahlen schriftlich zu addieren, schreibst du die Zahlen entsprechend ihrem Stellenwert untereinander, d.h. Einer unter Einer, Zehner unter Zehner, Hunderter unter Hunderter usw. Die Rechenkästchen in deinem Heft können dir dabei helfen.

Schriftliche Addition:
Nun addierst du zuerst die Einer miteinander, dann die Zehner, Hunderter usw. Es können hierbei Überträge entstehen (Im Folgenden rot gekennzeichnet).

T	H	Z	E
	2	5	8	9
+		3	8	7
		1	1	
	2	9	7	6

Wir addieren:
1. **Einer:** 7 + 9 = 16, schreibe 6 übertrage **1**
2. **Zehner:** **1** + 8 + 8 = 17, schreibe 7 übertrage **1**
3. **Hunderter:** **1** + 3 + 5 = 9, schreibe 9
4. **Tausender:** 0 + 2 = 2, schreibe 2

Um dein Ergebnis zu kontrollieren, kann dir eine Überschlagsrechnung helfen.

Überschlagsrechnung:
Hierbei musst du überlegen, wie genau dein Überschlag sein soll.
Du kannst auf Zehner oder Hunderter überschlagen:

Zehner:
2 590 + 390 = 2 980

Hunderter:
2 600 + 400 = 3 000

Schriftliches Addieren — Rechnen in ℕ 2

Beispiel

Berechne schriftlich, führe jedoch zuerst eine Überschlagsrechnung durch:

8 224 + 2 346

Überschlag: 8 200 + 2 300 = 10 500

Schriftliche Rechnung:

```
     8 2 2 4
  + 2 3 4 6
    1   1
  1 0 5 7 0
```

34 692 + 208 905 + 3 287 + 57 922

Überschlag: 35 000 + 209 000 + 3 000 + 58 000 = 305 000

Schriftliche Rechnung:

```
         3 4 6 9 2
  + 2 0 8 9 0 5
  +       3 2 8 7
  +   5 7 9 2 2
      1 2 2 2 1
    3 0 4 8 0 6
```

Wissen kurz gefasst ✓

Schriftliches Addieren erfolgt am einfachsten in einer Stellenwerttafel. Bei der Addition, addierst du zuerst die Einer, dann die Zehner, Hunderter, usw. Beachte dabei die Überträge.

2 Rechnen in ℕ — Schriftliches Subtrahieren

AB 9
AB 10

Wie bei der Addition ist es bei der Subtraktion manchmal schwierig, die Aufgaben im Kopf zu lösen. Auch hier kann man sich durch schriftliches Subtrahieren das Leben erleichtern.

Wie bei der schriftlichen Addition schreibst du die Zahlen entsprechend ihrem Stellenwert untereinander.
Bei der Subtraktion gibt es zwei Varianten: schriftliches Subtrahieren durch Ergänzen oder schriftliches Subtrahieren durch Abziehen.

Schriftliches Subtrahieren durch Ergänzen:
Hierbei nutzt du den Zusammenhang zwischen Addition und Subtraktion aus. Wir wissen: Die Subtraktion ist die Umkehrung der Addition. Anstatt die Einer von den Einern zu subtrahieren, suchst du eine Zahl, die die Einer ergänzt. Ebenso verfährst du bei den Zehnern, Hundertern, usw.

	T	H	Z	E
		6	0	4	5
−		3	2	8	4
			1	1	
		2	7	6	1

Wir ergänzen:
1. **Einer:**   4 + **1** = 5, schreibe **1**
2. **Zehner:**   8 + **6** = **1**4, schreibe **6**, übertrage **1**
3. **Hunderter:** **1** + 2 + **7** = 10, schreibe **7**, übertrage **1**
4. **Tausender:** **1** + 3 + **2** = 6, schreibe **2**

Subtrahieren durch Abziehen:

	T	H	Z	E
	²3̷	5	³4̷	2
−		1	6	2	5
		1	9	1	7

1. **Einer:**   2 − 5 geht nicht, 1 von 4 Z herüber bleibt 3
                  12 − 5 = **7**
2. **Zehner:**   3 − 2 = **1**
3. **Hunderter:** 5 − 6 geht nicht, 1 von 3 T herüber bleibt 2; 15 − 6 = **9**
4. **Tausender:** 2 − 1 = **1**

Schriftliches Subtrahieren — Rechnen in ℕ — 2

Beispiel

Berechne schriftlich, führe jedoch zuerst eine Überschlagsrechnung durch:

10 101 − 2 512 − 348

Überschlag: 10 100 − 2 500 − 300 = 7 300

Schriftliche Rechnung:

```
    1 0 1 0 1
  −   2 5 1 2
  −     3 4 8
      1 1 1 1
    ─────────
      7 2 4 1
```

Wir ergänzen:
1. **Einer:** 8 + 2 + **1** = 11 übertrage **1**
2. **Zehner:** **1** + 4 + 1 + **4** = 10, übertrage **1**
3. **Hunderter:** **1** + 3 + 5 + **2** = 11, übertrage **1**
4. **Tausender:** **1** + 2 + **7** = 10, übertrage **1**
5. **Zehntausender:** **1** + 0 = 1

Wissen kurz gefasst ✓

Schriftliches Subtrahieren erfolgt am einfachsten in einer Stellenwerttafel.
Beim Ergänzungsverfahren ergänzt du zuerst die Einer, dann die Zehner, Hunderter usw. Achte dabei auf Überträge.
Beim Subtrahieren durch Abziehen subtrahierst du die Einer, Zehner, … Kannst du die Subtraktion nicht durchführen, musst du von der nächsthöheren Stelle 1 übertragen.

2 Rechnen in ℕ — Multiplikation und Division

AB 11

Die Multiplikation und die Division gehören wie die Addition und die Subtraktion zu den vier Grundrechenarten.
Auch hier existieren Fachausdrücke, die in der Mathematik verwendet werden.

Multiplikation
Multipliziert man zwei Zahlen miteinander, so nennt man das Ergebnis ein **Produkt**. So sagt man z. B.: Wenn man 25 mit 6 multipliziert, so erhält man das Produkt 150.
Die beiden Zahlen 25 und 6 heißen **Faktoren**. Zwischen den beiden Faktoren steht ein Malzeichen.

$$25 \cdot 6 = 125$$
1. Faktor   2. Faktor   Produkt

Division
Dividiert man zwei Zahlen, so nennt man das Ergebnis einen **Quotienten**.
So sagt man z. B.: Wenn man 500 durch 50 dividiert, so erhält man den Quotienten 10.
Die Zahl 500 heißt **Dividend**, die Zahl 50 heißt **Divisor**.

$$500 : 50 = 10$$
Dividend   Divisor   Quotient

Die verwendeten Begriffe kommen aus der lateinischen Sprache und haben die folgende Bedeutung:

Produkt   : das Erzeugte
Faktor   : derjenige, der etwas tut
Dividend : die zu teilende Zahl
Divisor   : die teilende Zahl

Multiplikation und Division — Rechnen in ℕ 2

Zusammenhang zwischen Multiplikation und Division:
Die Multiplikation und die Division sind wie die Addition und die Subtraktion entgegengesetzte Rechenarten.
Das Multiplizieren mit einer Zahl, wird durch das Dividieren dieser Zahl rückgängig gemacht. Ebenso kann das Dividieren durch eine Zahl durch das Multiplizieren mit dieser Zahl rückgängig gemacht werden.
Dieser Zusammenhang kann zum Kontrollieren von Ergebnissen genutzt werden.

a) 240 : 20 = 12 Division
   entgegengesetzte Rechenart: Multiplikation: 20 · 12 = 240

b) Wie lautet das Produkt aus 4 und 12?
   Rechnung: 4 · 12 = 48
   entgegengesetzte Rechenart: Division 48 : 12 = 4

Beispiel

Beim Multiplizieren und Dividieren gibt es wichtige Regeln zu beachten:
- Ist bei der Multiplikation einer der beiden Faktoren 0, so ist auch das Produkt 0.
- Dividiert man 0 durch eine andere Zahl, so ist der Quotient ebenso 0.
- Durch 0 darfst du niemals dividieren.
- Multipliziert man eine Zahl mit 1, so ist der erste Faktor mit dem Produkt identisch.
- Dividiert man eine Zahl durch 1, so ist der Dividend mit dem Quotienten identisch.

Wissen kurz gefasst

Die Multiplikation und Division sind entgegengesetzte Rechenarten.
Das Ergebnis bei der Multiplikation heißt Produkt, die zu multiplizierenden Zahlen nennt man Faktoren.
Das Ergebnis bei der Division heißt Quotient, die beiden Zahlen nennt man Dividend und Divisor.

2 Rechnen in ℕ — Schriftliches Multiplizieren

AB 12

Wie bei der Addition und Subtraktion ist es bei der Multiplikation manchmal zu schwierig, die Aufgabe im Kopf zu lösen. Deshalb bedient man sich auch hier der schriftlichen Methoden.

Multiplizierst du mehrstellige Faktoren miteinander, musst du konzentriert und sorgfältig arbeiten. Nutze dazu die Rechenkästchen in deinem Heft und schreibe die Zahlen sauber untereinander.

Wir zerlegen unseren 1. Faktor in Einer, Zehner, Hunderter usw.

a) Multiplikation mit einem einstelligen Faktor:

```
T H Z E
2 3 4 8 · 5
  1 1 2 4
1 1 7 4 0
```

Einer: 5 · 8 = **40** schreibe 0, übertrage **4**
Zehner: 5 · 4 + **4** = **24** schreibe 4, übertrage **2**
Hunderter: 5 · 3 + **2** = **17** schreibe 7, übertrage **1**
Tausender: 5 · 2 + **1** = 11, schreibe 11

b) Multiplikation mit einem mehrstelligen Faktor:

Dabei führst du das bei a) vorgestellte Verfahren mehrfach durch.

```
  5 4 8 2 · 4 3 2
    2 1 9 2 8 0 0      5482 · 400
+     1 6 4 4 6 0      5482 · 30
+         1 0 9 6 4    5482 · 2
              1
            2 1
    2 3 6 8 2 2 4
```

Um dein Ergebnis zu kontrollieren, kannst du wieder eine Überschlagsrechnung durchführen.

Schriftliches Multiplizieren — Rechnen in ℕ — 2

Tipp bei der Multiplikation:
Es kann vorteilhaft sein, wenn du die Zahl mit folgenden Eigenschaften als zweiten Faktor verwendest:
- **Gleiche** Ziffern
- **Weniger Stellen** als die andere Zahl
- **Nullen** als Ziffern

Kommen Nullen als Ziffern in deinen Faktoren vor, musst du beim Multiplizieren aufpassen!

a) Nullen im 2. Faktor: 476 · 301

   Überschlag: 500 · 300 = 150 000

   Schriftliche Rechnung:

Beispiel

	4	7	6	·	3	0	1
		1	4	2	8	0	0
+			0	0	0	0	
+				4	7	6	
				1			
		1	4	3	2	7	6

b) Nullen in beiden Faktoren: 502 · 50

   Überschlag: 500 · 50 = 25 000

   Schriftliche Rechnung:

	5	0	2	·	5	0
		2	5	1	0	0
+				0	0	0
		2	5	1	0	0

Wissen kurz gefasst ✓

Bei der Multiplikation musst du darauf achten, dass die Zahlen entsprechend ihren Stellen untereinanderstehen. Zuerst multiplizierst du die 1. Ziffer des 2. Faktors mit dem 1. Faktor, dann die 2. Ziffer des 2. Faktors mit dem 1. Faktor usw. Zum Schluss addierst du die erhaltenen Zahlen.

29

2 Rechnen in ℕ — Schriftliches Dividieren

AB 12

Das schriftliche Dividieren erleichtert dir wie die anderen schriftlichen Rechenarten das Leben und hilft dir, Fehler zu vermeiden. Wie bei allen schriftlichen Rechenarten kannst du eine Stellenwerttafel benutzen und deine Zahlen in Einer, Zehner, Hunderter, usw. zerlegen.

a) Division ohne Rest:

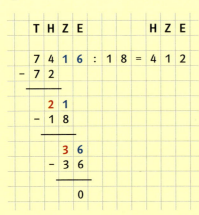

18 geht 4-mal in 74, schreibe 4
Subtrahiere 4 · 18 = 72 von 74
Rest **2**, hole die **1** herunter
18 geht 1-mal in 21, schreibe 1
Subtrahiere 1 · 18 = 18 von 21
Rest **3**, hole die **6** herunter
18 geht 2-mal in 36, schreibe 2
Subtrahiere 2 · 18 = 36 von 36

b) Division mit Rest:

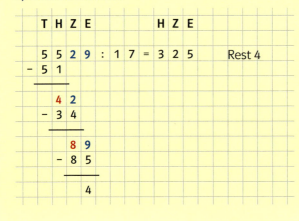

Schriftliches Dividieren — Rechnen in ℕ 2

Eine Überschlagsrechnung hilft dir, dein Ergebnis zu kontrollieren. Außerdem ist es sinnvoll, eine Probe durchzuführen. Dabei musst du den Rest beachten!
Beim Dividieren musst du bei Nullen immer wachsam sein!

Berechne 51069 : 17 und führe eine Überschlagsrechnung durch, sowie eine Probe.

Beispiel

Überschlag: 51 000 : 17 = 3 000

Schriftliche Rechnung:

```
  5 1 0 6 9 : 17 = 3 0 0 4     Rest 1
− 5 1
  ─────
      0 0                      Auch die 0 muss beachtet werden
    − 0 0
      ─────
          0 6
        − 0 0                  17 ist nullmal in 6 enthalten
          ─────
              6 9
            − 6 8
              ─────
                  1
```

Probe:
  3 004 · 17

    30 040
  + 21 028   51 068 + 1 = 51 069
    ──────
    51 068

Wissen kurz gefasst ✓

Beim Dividieren überlegst du dir, wie oft die Zahl in der zu dividierenden Zahl enthalten ist.
Eine Überschlagsrechnung sowie eine Probe, die die entgegensetzte Rechenart die Multiplikation ausnutzt, helfen dir, dein Ergebnis zu kontrollieren.

2 Rechnen in ℕ — Rechenausdrücke

AB 13

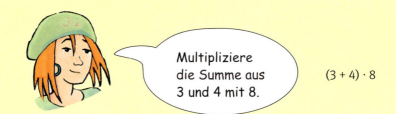

Terme sind Rechenausdrücke, die aus Zahlen und Rechenzeichen bestehen. Man kann einen Rechenweg mittels eines einzigen Rechenausdrucks darstellen. Das Ergebnis ist dann der Wert des Terms.
Berechnet man einen Term, so muss man folgende Rechenregeln einhalten:

- Zuerst berechnet man die Klammern.
- Punktrechnung (Multiplikation bzw. Division) vor Strichrechnung (Addition bzw. Subtraktion).
- Gibt es Klammern innerhalb von Klammern, so berechnet man die inneren Klammern zuerst.
- Kommen bei einer Strichrechnung keine Klammern vor, so rechnet man von links nach rechts.

Beispiel

Klammern zuerst ausrechnen:

a) $248 - (60 + 98)$
= $248 - 158$
= 90

b) $5 \cdot (13 + 8)$
= $5 \cdot 21$
= 105

c) $(14 + 6) \cdot (23 + 2)$
= $20 \cdot 25$
= 500

Rechenausdrücke — Rechnen in ℕ 2

Punkt- vor Strichrechnung:

a) $\;5 \cdot 7 + 5$ b) $\;2 \cdot 3 + 24 : 6$ c) $\;5 \cdot 8 - 10 + 4 \cdot 7$

   $= 35 + 5$ $= 6 + 4$ $= 40 - 10 + 28$

   $= 40$ $= 10$ $= 58$

Beispiel

Verwendung beider Regeln:

    $22 + (76 - 36 : 6) \cdot 2$ Punkt- vor Strichrechnung in der Klammer
$= 22 + (76 - 6) \cdot 2$ Klammer berechnen
$= 22 + 70 \cdot 2$ Punkt- vor Strichrechnung
$= 22 + 140$
$= 162$

Klammern innerhalb von Klammern:

    $[80 - (1 + 9) \cdot 2] : 3$ Zuerst die innere Klammer berechnen
$= [80 - 10 \cdot 2] : 3$ Punkt vor Strichrechnung in der Klammer
$= [80 - 20] : 3$ Äußere Klammer berechnen
$= 60 : 3$
$= 20$

Der Term vor und hinter dem Gleichheitszeichen muss immer den gleichen Wert haben.

Tipp

$215 - 53 + 23 - 8 = 162 + 23$ In diesem Fall steht links vom
                         $= 185$ Gleichheitszeichen **nicht** das gleiche
                                        wie rechts davon.

Wissen kurz gefasst ✓

Beim Rechnen mit Termen musst du die folgenden wichtigen Rechengesetze beachten:
- Klammern werden zuerst berechnet
- Innere Klammern werden vor äußeren Klammern berechnet
- Punkt- vor Strichrechnung

2 Rechnen in ℕ — Rechengesetze der Addition

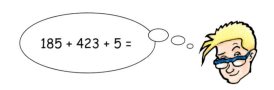

Die folgenden Rechengesetze können dir helfen, Kopfrechenaufgaben schneller zu lösen.

Kommutativgesetz:
Der Begriff kommutativ kommt aus dem Lateinischen und bedeutet vertauschen.
Für die Addition bedeutet dies, dass man die beiden Summanden vertauschen darf.
Sind a und b natürliche Zahlen, so gilt:

$$a + b = b + a$$

Beispiel: 4 + 8 = 8 + 4
             12 = 12

Assoziativgesetz:
Der Begriff assoziativ kommt auch aus dem Lateinischen und bedeutet verbindend.
Für die Addition bedeutet dies, dass man bei einer Summe mit 3 oder mehr Summanden an beliebigen Stellen Klammern setzen darf. Dadurch verändert sich der Wert der Summe nicht. Aus diesem Grund darf man die Klammern auch weglassen.
Sind **a**, **b** und **c** natürliche Zahlen, so gilt:

$$(a + b) + c = a + (b + c) = a + b + c$$

Beispiel: (12 + 8) + 13 = 12 + (8 + 13)
              20   + 13 = 12 +   21
                  33   =   33

Rechnen in ℕ

Rechengesetze der Addition

Tipp

Diese beiden Gesetze darfst du auf **keinen Fall** bei der **Subtraktion** anwenden, denn hier ist es nicht egal, ob du 7 − 4 oder 4 − 7 rechnest.

Bei der Verbindung der Addition und Subtraktion darfst du das Kommutativgesetz in solchen Fällen anwenden:

$$a - (b + c) = a - (c + a)$$

12 − (3 + 8) = 12 − (8 + 3)   Klammern werden zuerst berechnet
12 −   11   = 12 −   11
     1   =   1

Das Kommutativgesetz und das Assoziativgesetz können vorteilhaft bei Kopfrechenaufgaben sein.

Beachte beim Rechnen die Rechenvorteile:

a) 25 + 38 + 62 = 25 + (38 + 62) = 25 + 100 = 125
              ↑
    Das Assoziativgesetz erlaubt dir, Klammern zu setzen

b) 5 + 47 + 35 + 3 = 5 + 35 + 47 + 3 = (5 + 35) + (47 + 3) = 40 + 50 = 90
             ↑   ↑
       Kommutativgesetz   Assoziativgesetz

Beispiel

Wissen kurz gefasst

Das Kommutativgesetz und das Assoziativgesetz sind Rechengesetze der Addition. Sie helfen dir, Aufgaben schneller im Kopf zu bearbeiten.

Kommutativgesetz: $a + b = b + a$

Assoziativgesetz: $a + (b + c) = (a + b) + c$

2 Rechnen in ℕ — Weitere Rechengesetze

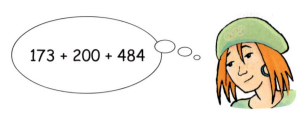

Bei Kopfrechenaufgaben hilft dir ein geschicktes Vorgehen mittels Rechengesetzen.

Kommutativgesetz:
Wie bei der Addition bedeutet das Kommutativgesetz, dass man bei einem Produkt die beiden Faktoren vertauschen darf.
Sind **a** und **b** natürliche Zahlen, so gilt:

$$a \cdot b = b \cdot a$$

Beispiel: 4 · 8 = 8 · 4
　　　　　32 = 32

Assoziativgesetz:
Auch das Assoziativgesetz lässt sich von der Addition auf die Multiplikation übertragen. So darf man bei einem Produkt aus drei oder mehreren Faktoren beliebig Klammern setzen, ohne dass sich das Produkt verändert. Man kann auch die Klammern weglassen.
Sind **a**, **b** und **c** natürliche Zahlen, so gilt:

$$(a \cdot b) \cdot c = a \cdot (b \cdot c) = a \cdot b \cdot c$$

Beispiel: (2 · 8) · 3 = 2 · (8 · 3)
　　　　　　16 · 3 = 2 · 24
　　　　　　　48 = 48

Tipp
So wie du nicht einfach die Gesetze der Addition auf die Subtraktion übertragen durftest, musst du hier auch bei der Division vorsichtig sein. Diese beiden Gesetze gelten **nicht** für die **Division**, denn 15 : 3 ist nicht gleich 3 : 15.

Weitere Rechengesetze   Rechnen in ℕ   2

Die Rechenarten Addition, Subtraktion, Multiplikation und Division treten nicht immer nur getrennt auf, sondern auch in Verbindung miteinander. An dieser Stelle musst du besonders gut aufpassen und auf die Klammern und Vorzeichen achten. Das zugehörige Gesetz heißt Distributivgesetz.

Verbindung der Rechenarten:

Distributivgesetz für Multiplikation und Addition:
Der Begriff distributiv kommt aus dem Lateinischen und bedeutet verteilend. Es ist egal, ob du zuerst die Summe berechnest und diese dann mit dem Faktor multiplizierst oder ob du erst beide Summanden mit dem Faktor multiplizierst und dann die beiden Zahlen addierst.
Sind a, b und c natürliche Zahlen, so gilt:

$$a \cdot (b + c) = a \cdot b + a \cdot c$$

Beispiel: 2 · (8 + 13) = 2 · 21 = 42
oder 2 · (8 + 13) = 2 · 8 + 2 · 13 = 16 + 26 = 42

Distributivgesetz für Multiplikation und Subtraktion:
Sind **a**, **b** und **c** natürliche Zahlen, so gilt:

$$a \cdot (b - c) = a \cdot b - a \cdot c$$

Beispiel: 2 · (8 − 3) = 2 · 5 = 10
oder 2 · (8 − 3) = 2 · 8 − 2 · 3 = 16 − 6 = 10

Distributivgesetz für Division und Addition/Subtraktion:
Sind **a**, **b** und **c** natürliche Zahlen, so gilt:

$$(a + b) : c = \frac{a}{c} + \frac{b}{c} \quad \text{bzw.} \quad (a - b) : c = \frac{a}{c} - \frac{b}{c}$$

2 Rechnen in ℕ Potenzen

Die Zahl 1024 kann man auch schreiben als 2 · 2 · 2 · 2 · 2 · 2 · 2 · 2 · 2 · 2. Da dies jedoch sehr viel Schreibarbeit ist, hat man eine vereinfachte Schreibweise dafür entwickelt.

Ein Produkt aus lauter gleichen Faktoren,
z. B., 2 · 2 · 2 · 2 · 2 · 2 · 2 · 2 · 2 · 2 · kann man auch als **Potenz** schreiben:

$$2^{10} \text{ (sprich: „2 hoch 10")}$$

Man sagt auch: Die Zahl 2 wird mit 10 potenziert.
Dabei gibt die 10 an, wie oft die 2 mit sich selbst multipliziert wird.

$$5^2 = 25 \quad \text{Basis (Grundzahl)}$$
Exponent (Hochzahl)
Potenzwert

Festlegungen: $2^1 = 2$; $2^0 = 1$

Beispiel

a) $7^4 = 7 \cdot 7 \cdot 7 \cdot 7 = 2401$

b) $12^3 = 12 \cdot 12 \cdot 12 = 1728$

c) $10^4 = 10 \cdot 10 \cdot 10 \cdot 10 = 10\ 000$

d) $6^1 = 6$

e) $8^0 = 1$

Potenzen Rechnen in ℕ 2

Treten in Rechenausdrücken Potenzen auf, so haben diese Vorrang.

Es gilt:
- Potenzen vor Punktrechnung
- Potenzen vor Strichrechnung

Nicht vergessen: Auch bei Potenzen haben die Klammern Vorrang.

a) $7 \cdot 2^4 = 7 \cdot 16 = 112$

b) $3^2 \cdot 6^1 \cdot 4 = 9 \cdot 6 \cdot 4 = 216$

c) $5^3 \cdot 2 - 6 \cdot 2^2 = 125 \cdot 2 - 6 \cdot 4 = 250 - 24 = 226$

d) $(15 - 5)^3 = 10^3 = 1\,000$

e) $5 \cdot (3^4 + 36 : 4) = 5 \cdot (81 + 36 : 4) = 5 \cdot (81 + 9) = 5 \cdot 90 = 450$

f) $3^3 + (7 \cdot 2^2 - 4^2)^2 = 3^3 + (7 \cdot 4 - 16)^2 = 3^3 + (28 - 16)^2 = 3^3 + 12^2 = 27 + 144 = 171$

Beispiel

Wissen kurz gefasst ✓

Wird eine Zahl mehrfach mit sich selbst multipliziert, so kann man sie durch eine Potenz darstellen.

$$3^4 = 3 \cdot 3 \cdot 3 \cdot 3 = 81$$

Die Zahl 3 heißt Basis oder Grundzahl, die Zahl 4 heißt Exponent oder Hochzahl.

Es gilt: $3^1 = 3$; $3^0 = 1$

2 Rechnen in ℕ

Teiler und Vielfache

AB 14

Teiler und Vielfache
Teilt man zwei Zahlen durcheinander, so kann die Division aufgehen oder ein Rest übrig bleiben. Teilt eine natürliche Zahl eine andere natürliche Zahl ohne Rest, so ist sie ein Teiler der Zahl.

Ist eine natürliche Zahl a ohne Rest durch eine natürliche Zahl b teilbar, so nennt man b einen **Teiler** von a.
Man sagt auch b teilt a.

Beispiel:

a) 24 ist ohne Rest durch 4 teilbar.
   Also ist 4 ein Teiler von 24.

b) 35 ist ohne Rest nicht durch 9 teilbar.
   Also ist 9 kein Teiler von 35.

Multipliziert man eine natürliche Zahl a nacheinander mit 1, 2, 3, 4, …, so erhält man die **Vielfachen** der Zahl a.
Hinweis: Jede Zahl hat unendlich viele Vielfache.

Beispiel:

15 ist ein Vielfaches von 5, denn 15 = 3 · 5

Zusammenhang zwischen Teiler und Vielfaches:
Ist die natürliche Zahl b ein Teiler der natürlichen Zahl a, dann ist a auch ein Vielfaches der Zahl b.

Beispiel:

7 ist ein Teiler von 49.
49 ist ein Vielfaches von 7, da 7 · 7 = 49.

Teiler und Vielfache — Rechnen in ℕ — 2

Regeln zum Bestimmen, ob eine Zahl eine andere Zahl teilt:
- Eine natürliche Zahl ist immer dann durch 2 teilbar, wenn die letzte Ziffer durch 2 teilbar ist, also 0, 2, 4, 6, 8.
- Eine natürliche Zahl ist immer dann durch 3 teilbar, wenn die Summe aller Ziffern durch 3 teilbar ist.
- Eine natürliche Zahl ist immer dann durch 4 teilbar, wenn die letzten beiden Ziffern durch 4 teilbar sind.
- Eine natürliche Zahl ist immer dann durch 5 teilbar, wenn die letzte Ziffer eine 0 oder 5 ist.
- Eine natürliche Zahl ist immer dann durch 9 teilbar, wenn die Summe aller Ziffern durch 9 teilbar ist.

a) 212 ist durch 2 teilbar, da die letzte Ziffer eine 2 ist und diese durch 2 teilbar ist. 212 : 2 = 106
212 ist auch durch 4 teilbar, da die letzten beiden Ziffern durch 4 teilbar sind. 212 : 4 = 53

b) 315 ist durch 3 teilbar, da die Summe aller Ziffern 3 + 1 + 5 = 9 durch 3 teilbar ist. 315 : 3 = 105
315 ist auch durch 9 teilbar, da die Summe aller Ziffern 9 durch 9 teilbar ist. 315 : 9 = 35
315 ist auch noch durch 5 teilbar, da die letzte Ziffer eine 5 ist. 315 : 5 = 63

Beispiel

Wissen kurz gefasst

Eine Zahl b heißt Teiler einer Zahl a, wenn b die Zahl a ohne Rest teilt.
Eine Zahl b ist ein Vielfaches von a, wenn a mit 1, 2, 3, 4, … multipliziert die Zahl b ergibt.
Ist b ein Teiler von a, so ist b auch ein Vielfaches von a.

2 Rechnen in ℕ — Primzahlen

Primzahlen

Teilt man eine natürliche Zahl durch eine andere natürliche Zahl, so kann es passieren, dass ein Rest übrig bleibt. Es gibt natürliche Zahlen, bei denen immer ein Rest übrig bleibt, außer man teilt diese durch 1 oder sich selbst. Solche Zahlen nennt man **Primzahlen**.

Primzahlen sind natürliche Zahlen, die nur durch sich selbst und 1 teilbar sind. Sie besitzen also **genau 2 Teiler**.
Die Zahl 1 erfüllt diese Bedingung nicht, denn sie besitzt nur einen Teiler, nämlich die 1.
Es gibt **unendlich viele Primzahlen**. Die größte bekannte Primzahl ist eine Zahl mit 9 152 052 Stellen.

Die Primzahlen unter den ersten 100 Zahlen sind rot:

1 2 3 4 5 6 7 8 9 10 11 12 13 14 15 16 17 18 19 20
21 22 23 24 25 26 27 28 29 30 31 32 33 34 35 36 37
38 39 40 41 42 43 44 45 46 47 48 49 50 51 52 53 54
55 56 57 58 59 60 61 62 63 64 65 66 67 68 69 70 71
72 73 74 75 76 77 78 79 80 81 82 83 84 85 86 87 88
89 90 91 92 93 94 95 96 97 98 99 100

Du kannst jede natürliche Zahl als Produkt von Primzahlen schreiben. Dieses Produkt heißt die **Primfaktorzerlegung der Zahl**. Es existiert für jede Zahl nur **eine Möglichkeit**, sie als Produkt von Primzahlen zu schreiben.

Beispiel

85 = 5 · 17
770 = 2 · 5 · 7 · 11

Primzahlen Rechnen in ℕ 2

Vorgehensweise bei der Primfaktorzerlegung:
Dazu geht man bei der Primzahl 2 beginnend die einzelnen Primzahlen durch und prüft, ob diese die zu zerlegende Zahl ohne Rest teilt. Hat man eine Primzahl gefunden, so schreibt man diese auf und teilt die zu zerlegende Zahl durch die Primzahl. Nun hast du eine neue zu zerlegende Zahl gefunden. Für diese neuen Zahl suchst du wieder eine Primzahl, die diese ohne Rest teilt. Dieses Verfahren wendest du so lange an, bis am Schluss nur noch eine Primzahl übrig bleibt.

Beispiel

1. Zerlege die Zahl 1638 in Primfaktoren:
   1638 ist teilbar durch die Primzahl 2. Diese Zahl 2 merken wir uns und berechnen 1638 : 2 = 819. 819 ist nicht mehr durch 2 teilbar, aber durch die Primzahl 3. Also 3 merken und 819 : 3 = 273 berechnen.
   273 ist noch mal durch 3 teilbar. Also 3 merken und 273 : 3 = 91 berechnen.
   91 ist nicht mehr durch 3 teilbar, auch nicht durch 5,
   aber durch 7. Wir merken uns die 7 und berechnen 91 : 7 = 13.
   Die Zahl 13 ist eine Primzahl und somit nicht mehr zerlegbar.
   Unsere Primfaktorzerlegung der Zahl 1638 lautet:
   1638 = 2 · 3 · 3 · 7 · 13

2. Teilt 21 die Zahl 84?
   Hierbei hilft dir auch eine Primfaktorzerlegung: 84 = 2 · 2 · 3 · 7
   Da 84 durch 3 und 7 teilbar ist, ist sie auch durch das Produkt aus diesen beiden Zahlen, d.h. 3 · 7 = 21 teilbar.

Wissen kurz gefasst

Primzahlen sind natürliche Zahlen, die genau zwei Teiler besitzen, nämlich sich selbst und die Zahl 1.
Die Zahl 1 ist keine Primzahl.
Es gibt unendlich viele Primzahlen.

3 Geometrische Grundbegriffe Koordinatensysteme

AB 15

Koodinatensysteme
Um in der Geometrie die Lage von Punkten oder Linien zu beschreiben, behilft man sich mit einem Gitter. Man legt einen Anfangspunkt fest und beschreibt mit Hilfe zweier Zahlen den Weg zum Punkt. Man wählt zuerst den Anfangspunkt 0, den so genannten **Ursprung**. Von dort aus zeichnet man einen Zahlenstrahl nach rechts und senkrecht dazu einen Zahlenstrahl nach oben. Der Zahlenstrahl nach rechts heißt **x-Achse**, der Zahlenstrahl nach oben heißt **y-Achse**.
Die beiden Achsen und der Ursprung bilden das so genannte **Koordinatensystem**.

Beschreibung eines Punktes in einem Koordinatensystem:
Ein Punkt in einem Koordinatensystem wird durch einen Großbuchstaben und zwei Zahlen beschrieben.
Z. B. P(5/3)
Die beiden Zahlen beschreiben, wie man vom Ursprung aus zu diesem Punkt gelangt. Der erste Wert (hier 5) gibt an, dass man 5 Einheiten auf der x-Achse nach rechts laufen muss. Man nennt diesen Wert **x-Koordinate**. Der zweite Wert (hier 3) gibt an, dass man 3 Einheiten parallel zur y-Achse nach oben laufen muss. Diesen Wert nennt man **y-Koordinate**.

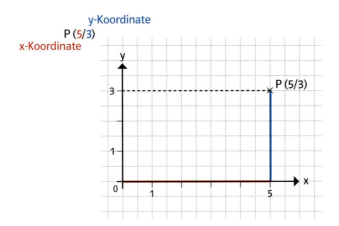

Koordinatensysteme Geometrische Grundbegriffe 3

Zeichne folgende Punkte in ein Koordinatensystem:
A(2/3); B(6/1,5); C(6/6); D(3/6)
Verbinde anschließend Punkt A mit C und B mit D.
Bestimme den Schnittpunkt dieser beiden Linien.

Beispiel

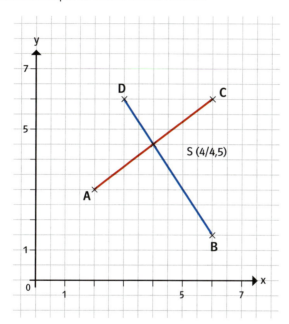

Wissen kurz gefasst ✓

Mittels eines Koordinatensystems kann man die Lage eines Punktes beschreiben. Der Punkt wird mit 2 Zahlen beschrieben. Diese beiden Zahlen heißen Koordinaten. Die erste Zahl, die x-Koordinate, gibt an, wie weit du vom Ursprung aus auf der x-Achse nach rechts laufen musst. Die zweite Zahl, die y-Koordinate, gibt an, wie weit du senkrecht nach oben laufen musst.

3 Geometrische Grundbegriffe — Strecken, Geraden

Strecken

In der Geometrie gibt es nicht nur Punkte, sondern auch Verbindungslinien zwischen den Punkten. Diese Linien heißen Strecken.

Verbindest du 2 Punkte mit einer geraden Linie, so erhältst du eine Strecke. Eine Strecke hat immer einen Anfangspunkt und einen Endpunkt.
Hat eine Strecke den Anfangspunkt A und den Endpunkt B, so nennt man sie die Strecke AB und schreibt: AB.

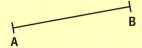

Hat eine Strecke eine Länge z. B. 4 cm, so schreibt man: $\overline{AB}$ = 4 cm.

Verbindet man mehrere Punkte miteinander durch Strecken, so erhält man einen **Streckenzug**.

Verlängert man eine Strecke über ihre Endpunkte hinaus, so erhält man eine Gerade. Eine **Gerade** hat somit keinen Anfang und kein Ende, sie ist unendlich lang.

Die beiden Punkte A und B liegen auf der Geraden. Deshalb sagt man auch, die Gerade geht durch die Punkte A und B.

Geraden werden immer mit kleinen Buchstaben bezeichnet, z. B. g, h, …

Strecken, Geraden — Geometrische Grundbegriffe 3

Verlängert man eine Strecke nur auf einer Seite, so erhält man eine Halbgerade oder Strahl. Eine Halbgerade hat einen Anfang, aber kein Ende.
Eine Halbgerade wird auch mit einem kleinen Buchstaben bezeichnet.

Welche Linien sind Strecken, Geraden oder Halbgeraden?

Beispiel

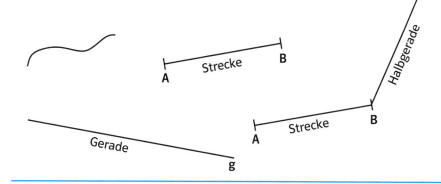

Wissen kurz gefasst ✓

Strecken haben einen Anfangs- und Endpunkt. Man schreibt z. B.: AB.
Für die Länge der Strecke schreibt man: $\overline{AB}$
Geraden haben keinen Anfangs- und Endpunkt, sie sind unendlich lang.
Man bezeichnet sie mit kleinen Buchstaben.
Eine Halbgerade hat einen Anfangspunkt, aber keinen Endpunkt. Auch sie wird durch kleine Buchstaben beschrieben.

3 Geometrische Grundbegriffe — Lage von Geraden

AB 16
AB 17

Zwei Geraden können in verschiedenen Beziehungen zueinander stehen. Sie können sich schneiden oder sie können parallel zueinander sein.

Schnittpunkt von Geraden

Haben Geraden einen gemeinsamen Punkt, so sagt man, die Geraden schneiden sich. Den Punkt bezeichnet man als Schnittpunkt.

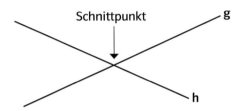

Schneiden sich die Geraden in einem rechten Winkel, so sagt man auch, die Geraden sind **orthogonal** zueinander.
Sind die Geraden g und h orthogonal zueinander, so schreibt man:
$$g \perp h.$$
In der Zeichnung kennzeichnest du es mit folgendem Zeichen: ⦜

Mit dem Geodreieck zeichnest du orthogonale Geraden, in dem du die Mittellinie des Geodreiecks auf eine Gerade legst

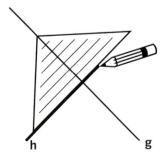

Lage von Geraden — Geometrische Grundbegriffe 3

Parallele Geraden:
Haben Geraden keinen Schnittpunkt, so sagt man, die Geraden sind parallel zueinander.
Man schreibt dafür g || h.

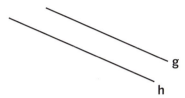

Mit dem Geodreieck zeichnest du parallele Geraden mithilfe der parallelen Linien auf deinem Geodreieck.

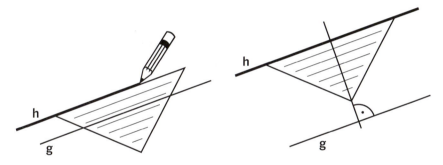

Ist $g \perp h$ und $i \perp h$, dann ist $g \parallel i$.

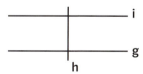

Beispiel

Wissen kurz gefasst ✓

Geraden können verschiedene Beziehungen zueinander haben.
Sie können sich in einem Punkt schneiden.
Sie können orthogonal zueinander sein, d.h. sich in einem rechten Winkel schneiden.
Sie können parallel zueinander sein, d.h. sie haben keinen Schnittpunkt.

3 Geometrische Grundbegriffe   Achsensymmetrie

AB 18
AB 19

Faltest du ein Blatt Papier und schneidest eine Figur aus, so erhältst du nach dem Aufklappen eine Figur, die aus zwei gleichen Hälften besteht.

Eine Faltlinie, die eine Figur in zwei identische Hälften teilt, nennt man **Symmetrieachse**. Die Figur nennt man **achsensymmetrisch**.
Legt man an die Symmetrieachse einen Spiegel, so erhält man auch zwei identische Hälften, deshalb nennt man die Symmetrieachse auch **Spiegelachse**.

Eigenschaften achsensymmetrischer Figuren:
- Verbindet man zwei gegenüberliegende Eckpunkte einer achsensymmetrischen Figur miteinander, so steht die Verbindungslinie senkrecht zur Symmetrieachse.
- Die beiden Eckpunkte haben außerdem den gleichen Abstand zur Symmetrieachse.

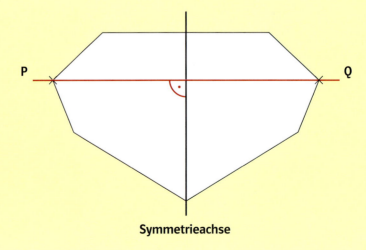

Symmetrieachse

Achsensymmetrie — Geometrische Grundbegriffe 3

Zeichnen von achsensymmetrischen Figuren:
- Lege eine Symmetrie- bzw. Spiegelachse fest.
- Bezeichne die Eckpunkte der Figur mit Namen, z. B. A.
- Zeichne eine zur Symmetrieachse orthogonale Gerade durch den Eckpunkt A. Diese dient als Hilfslinie.
- Lege den Spiegelpunkt A´ so auf der Hilfslinie fest, dass er zur Symmetrieachse den gleichen Abstand hat, wie der Punkt A.
- Wiederhole das Verfahren für alle Eckpunkte.
- Am Schluss verbindest du die Spiegelpunkte in der richtigen Reihenfolge.

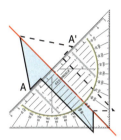

Manchmal kannst du eine achsensymmetrische Figur auch durch Kästchenzählen zeichnen.

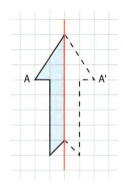

Wissen kurz gefasst ✓

Kannst du eine Figur durch eine Linie in zwei identische Figuren zerlegen, so nennt man die Figur achsensymmetrisch.
Die Linie nennt man Spiegelachse oder Symmetrieachse.

3 Geometrische Grundbegriffe — Punktsymmetrie

AB 20
AB 21

Betrachtest du diese Spielkarte, so erkennst du, dass sie nicht achsensymmetrisch ist. Dennoch besitzt sie eine Symmetrie, sie ist nämlich punktsymmetrisch. Woran kann man die Punktsymmetrie der Karte erkennen?
Verbindet man in einer Figur zwei entsprechende Punkte miteinander und schneiden sich diese Verbindungslinien alle in einem Punkt, so nennt man die Figur **punktsymmetrisch**.
Der Punkt, in dem sich alle Verbindungslinien schneiden, heißt **Symmetriezentrum Z**.

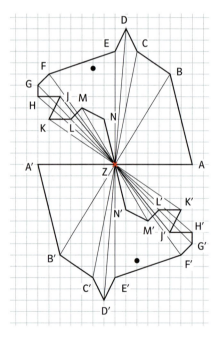

Eigenschaften einer punktsymmetrischen Figur:
- Die Verbindungslinien des Punktes mit dem Spiegelpunkt schneiden sich alle im Symmetriezentrum Z.
- Der Abstand vom Symmetriezentrum zum Punkt ist genauso groß wie der Abstand vom Symmetriezentrum zum Spiegelpunkt.

52

Geometrische Grundbegriffe 3

Punktsymmetrie

Zeichnen von punktsymmetrischen Figuren:
- Zuerst legst du das Spiegelzentrum Z fest.
- Du verbindest den Eckpunkt A deiner Figur mit dem Spiegelzentrum Z und verlängerst diese Linie über den Punkt Z hinaus.
- Nun misst du die Länge der Strecke AZ und trägst diese Länge nochmals an Z an. Der Eckpunkt dieser Strecke ist A'.
- Wiederhole dieses Verfahren für alle Eckpunkte.
- Verbinde die Eckpunkte in der richtigen Reihenfolge.

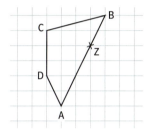
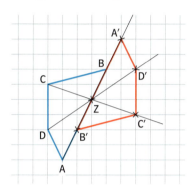

Im Gegensatz zu achsensymmetrischen Figuren, ist das Zeichnen von punktsymmetrischen Figuren durch Kästchenzählen nur sehr schwer möglich.

Wissen kurz gefasst ✓

Schneiden sich die Verbindungslinien der Eckpunkte mit den entsprechenden Spiegelpunkten alle in einem Punkt, so nennt man die Figur punktsymmetrisch. Der Spiegelpunkt heißt Symmetriezentrum Z.
Z ist der Mittelpunkt der Verbindungslinien.

4 Flächen — Figuren und Vielecke

In unserem Alltag treffen wir häufig auf Flächen, z. B. die Tischplatte oder eine Seite deines Heftes.
In der Geometrie nennt man solche ebenen Flächen auch **Figuren**.
Jede Figur, die du mit einer geschlossenen Linie auf ein Blatt Papier zeichnen kannst, ist eine **Fläche**.
Auch Körper werden von Flächen begrenzt. Diese nennt man Oberflächen.
Außer den ebenen Flächen gibt es noch gekrümmte Flächen, wie z. B. die Erdoberfläche.

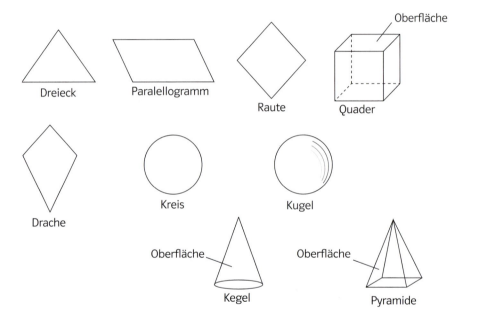

Jede Fläche, die durch Strecken begrenzt ist, bezeichnet man als **Figur** oder **Vieleck**. Die Strecken, die das Vieleck begrenzen, heißen Seiten.
Häufig auftretende Vielecke sind:
Dreieck: wird durch drei Seiten begrenzt und hat drei Eckpunkte.
Viereck: wird durch vier Seiten begrenzt und hat vier Eckpunkte.
Fünfeck: wird durch fünf Seiten begrenzt und hat fünf Eckpunkte.
Sechseck: wird durch sechs Seiten begrenzt und hat sechs Eckpunkte.

Figuren und Vielecke — Flächen 4

Bei Figuren verwendet man folgende Bezeichnungen:
- Eckpunkte werden mit großen Buchstaben gekennzeichnet.
- Seiten werden mit kleinen Buchstaben bezeichnet.
- Verbindet man gegenüberliegende Eckpunkte miteinander, so nennt man die entstehende Strecke Diagonale.
- Addiert man alle Seitenlängen miteinander, so erhält man den Umfang der Figur.

Beispiel

Zeichne ein Viereck mit folgenden Seitenlängen:
$\overline{AB}$ = 3 cm; $\overline{BC}$ = 4 cm; $\overline{CD}$ = 3 cm; $\overline{DA}$ = 4 cm
Zeichne die Diagonalen ein und miss ihre Länge.
Bestimme den Umfang des Vierecks.

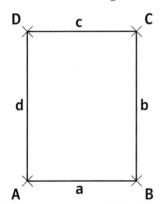

Diagonalen:
$\overline{BD}$ = 5 cm
$\overline{AC}$ = 5 cm

Umfang:
u = a + b + c + d
 = 3 cm + 4 cm + 3 cm + 4 cm
 = 14 cm

Wissen kurz gefasst

Jede Fläche mit einer geschlossenen Linie in der Ebene ist eine Figur.
Körper werden von solchen Flächen begrenzt, man nennt sie Oberflächen.

Eine Figur, die durch Strecken begrenzt wird, heißt Vieleck.
Verbindet man bei einem Vieleck gegenüberliegende Eckpunkte miteinander, so entstehen neue Strecken, die Diagonalen.
Addiert man alle Seiten eines Vielecks miteinander, so erhält man den Umfang des Vielecks.

4 Flächen

Besondere Vierecke

In der Natur gibt es viele verschiedene Vierecke. Die im Alltag gebräuchlichen, hat man mit verschiedenen Namen versehen. Dazu gehören das Quadrat, Rechteck, Parallelogramm und die Raute.

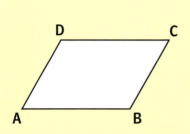

Parallelogramm:
Ein Parallelogramm erkennst du daran, dass gegenüberliegende Seiten parallel zueinander sind.

AB || CD
und
BC || AD

In einem Parallelogramm gilt außerdem: Die gegenüberliegenden Seiten sind gleich lang, d.h. $\overline{AB} = \overline{CD}$ und $\overline{BC} = \overline{AD}$.

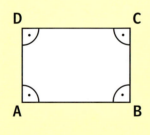

Rechteck:
Ein Rechteck ist ein besonderes Parallelogramm, denn hier muss zusätzlich gelten: Benachbarte Seiten sind orthogonal zueinander.

AB || CD
und
BC || AD
AB ⊥ BC
BC ⊥ DC
DC ⊥ AD
AD ⊥ AB

Besondere Vierecke — Flächen 4

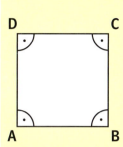

Quadrat:
Ein Quadrat ist ein besonderes Rechteck, da zusätzlich alle vier Seiten gleich lang sind.
Da jedes Rechteck ein Parallelogramm ist, ist auch jedes Quadrat ein Parallelogramm.

$\overline{AB} = \overline{BC} = \overline{CD} = \overline{AD}$

AB $\perp$ BC
BC $\perp$ CD
CD $\perp$ DA
DA $\perp$ AB

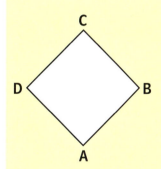

Raute:
Eine Raute ist ein besonderes Parallelogramm, es müssen zusätzlich alle vier Seiten gleich lang sein.

AB $\perp$ DC
CB $\perp$ DA
und
$\overline{AB} = \overline{BC} = \overline{CD} = \overline{DA}$

Da bei einer Raute benachbarte Seiten nicht orthogonal sein müssen, muss sie kein Quadrat sein. Ist dies jedoch der Fall, so ist sie auch ein Quadrat. Somit ist jedes Quadrat auch eine Raute.

Wissen kurz gefasst

Ein Viereck mit vier gleich langen Seiten und rechten Winkeln zwischen benachbarten Seiten heißt Quadrat.
Ein Viereck bei dem gegenüberliegende Seiten parallel und gleich lang sind, heißt Parallelogramm.
Ein Parallelogramm bei dem zusätzlich benachbarte Seiten orthogonal sind, heißt Rechteck.
Ein Parallelogramm mit vier gleich langen Seiten heißt Raute.

4 Flächen

Flächeneinheiten

AB 22
AB 23
AB 24

Um Flächen miteinander vergleichen zu können, hat man wie bei der Länge und den Gewichten Maßeinheiten eingeführt.
Zu jeder Längeneinheit gibt es eine zugehörige Flächeneinheit, z. B. zur Längeneinheit cm gehört die Flächeneinheit cm^2; zur Längeneinheit m die Flächeneinheit m^2 usw.

Um die Maßeinheit für Flächen zu beschreiben, greift man auf den Flächeninhalt von Quadraten zurück. Die Seiten von Quadraten können die Längeneinheiten mm, cm, dm, m, km haben.

Ein Quadrat mit der Seitenlänge 1 cm hat den Flächeninhalt 1 cm^2. Nun kann man den Flächeninhalt von anderen Flächen beschreiben, indem man sich überlegt, wie oft passt mein Quadrat mit 1 cm^2 in meine andere Fläche.
Hast du z. B. ein Quadrat mit der Seitenlänge von 1 dm, so hat dieses Quadrat einen Flächeninhalt von 100 cm^2, da dein Quadrat mit dem Flächeninhalt von 1 cm^2 100-mal hineinpasst.

Die folgende Tabelle gibt dir eine Übersicht über die verschiedenen **Flächeneinheiten**:

Seitenlänge des Quadrats	1 mm	1 cm	1 dm	1 m	10 m	100 m	1 km
Flächeneinheit	1 mm^2	1 cm^2	1 dm^2	1 m^2	1 a	1 ha	1 km^2
Name	Quadrat-millimeter	Quadrat-zentimeter	Quadrat-dezimeter	Quadrat-meter	Ar	Hektar	Quadrat-kilometer
Beispiel	Stecknadelkopf	Fingernagel	Handfläche	Tafelflügel	Klassenzimmer	Fußballfeld	Dorf

Beachte: Zwischen den Längeneinheiten m und km liegen bei Flächeneinheiten noch zwei weitere Einheiten, nämlich Ar und Hektar.

Flächeneinheiten   Flächen 4

Wie bei den Längeneinheiten müssen die verschiedenen Längen zum Vergleichen in der gleichen Einheit angegeben sein. Das Gleiche gilt natürlich auch für Flächeneinheiten.

Umrechnen von Flächeneinheiten:

So wie ein Quadrat mit dem Flächeninhalt von 1 cm² 100-mal in ein Quadrat mit der Seitenlänge 10 cm hineinpasst, passt auch ein Quadrat mit dem Flächeninhalt von 1 dm² 100-mal in ein Quadrat mit der Seitenlänge von 1 m = 10 dm.
Da 1 m² = 1 m · 1 m = 10 dm · 10 dm = 100 dm² ist, ist die Umrechnungszahl bei Flächeneinheiten immer 100.

1 km² = 100 ha
       1 ha = 100 a
             1 a = 100 m²
                    1 m² = 100 dm²
                           1 dm² = 100 cm²
                                  1 cm² = 100 mm²

a) 54 m² = 5 400 cm² = 540 000 mm²
b) 0,089 km² = 8,9 ha = 890 a = 89 000 m²

Beispiel

Wissen kurz gefasst ✓

Der Flächeninhalt gibt an, wie groß eine Fläche ist.
Um Flächen miteinander vergleichen zu können, braucht man einheitliche Maßeinheiten.
Flächeneinheiten sind: mm², cm², dm², m², a, ha, km²
Die Umrechnungszahl bei Flächeneinheiten beträgt immer 100.

4 Flächen — Flächeninhalt und Umfang eines Rechtecks

AB 25

Wie du bereits weißt, sind bei einem Rechteck gegenüberliegende Seiten parallel und gleich lang. Um verschiedene Rechtecke miteinander vergleichen zu können, müssen wir ihren Flächeninhalt berechnen.
Auch der Umfang eine Figur kann im Alltag eine wichtige Rolle spielen. Will man sein Grundstück mit einem Zaun umgeben, so muss man den Umfang seines Grundstückes kennen.

Flächeninhalt:
Um den **Flächeninhalt A eines Rechteckes** berechnen zu können, muss man zuerst die Seitenlängen des Rechtecks mit dem Geodreieck bestimmen. Es ist wichtig, dass die Seitenlängen die gleiche Längeneinheit haben.

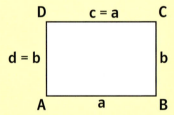

Den Flächeninhalt des Rechteckes erhält man nun, indem man die beiden Seitenlängen miteinander multipliziert.

$$A = a \cdot b$$

Umfang:
Um den **Umfang u eines Rechteckes** zu berechnen, misst man die Seitenlängen des Rechteckes a, b ,c ,d und addiert diese.
Da bei einem Rechteck die gegenüberliegenden Seiten immer gleich lang sind, gilt a = c und b = d. Somit folgt für den Umfang:

$$u = a + b + c + d = a + b + a + b = 2 \cdot a + 2 \cdot b$$

Flächeninhalt und Umfang eines Rechtecks — Flächen 4

Ein besonderes Rechteck ist das Quadrat. Bei ihm sind alle vier Seiten gleich lang.
Somit gilt für den **Flächeninhalt eines Quadrats**:

$$A = a \cdot a$$

Für den **Umfang u eines Quadrates** gilt:

$$u = a + a + a + a = 4 \cdot a$$

Beispiel

Flächeninhalt:
a) $a = 3\,cm$; $b = 5\,cm$
   $A = a \cdot b = 3\,cm \cdot 5\,cm = 15\,cm^2$
b) $a = 6\,cm$
   $A = 6\,cm \cdot 6\,cm = 36\,cm^2$

Umfang:
a) $a = 12\,cm$; $b = 5\,cm$
   $u = 2 \cdot 12\,cm + 2 \cdot 5\,cm = 24\,cm + 10\,cm = 34\,cm$
b) $a = 7\,cm$
   $u = 4 \cdot 7\,cm = 28\,cm$

Wissen kurz gefasst ✓

Für ein Rechteck mit den Seitenlängen a, b gilt:
Flächeninhalt $A = a \cdot b$
Umfang $u = 2 \cdot a + 2 \cdot b$

Für ein Quadrat mit den Seitenlängen a gilt:
Flächeninhalt $A = a \cdot a$
Umfang $u = 4 \cdot a$

4 Flächen — Parallelogramm

AB 26

Leider sind Grundstücke oder andere Flächen nicht immer ein Rechteck. Häufiger sind viereckige Flächen, die ein Parallelogramm sind. Für den Umfang ist dies kein Problem. Wie sieht es jedoch mit dem Flächeninhalt aus?

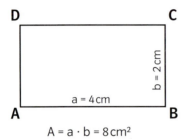

$A = a \cdot b = 8\,cm^2$

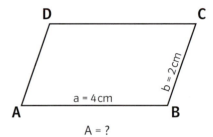

$A = ?$
Auf jeden Fall kleiner als beim Rechteck!

Flächeninhalt:
Um den **Flächeninhalt A eines Parallelogramms** berechnen zu können, musst du die Länge der Grundseite a und die Höhe h des Parallelogramms mit dem Geodreieck bestimmen. Es ist wichtig, dass die beiden Längen die gleiche Längeneinheit haben. Die Höhe h steht immer senkrecht auf der Grundseite.

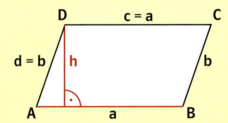

Der Flächeninhalt berechnet sich, indem man die Grundseite a mit der Höhe h multipliziert.

$$A = a \cdot h$$

Parallelogramm — Flächen 4

Umfang:
Der Umfang berechnet sich wie beim Rechteck aus den Längen der vier Seiten:

$$u = 2a + 2b$$

Beispiel

a) a = 42 cm; b = 3,4 dm; h = 250 mm
   A = 42 cm · 250 mm = 42 cm · 25 cm = 1050 cm² = 10,5 dm²
   u = 2 · 42 cm + 2 · 3,4 dm = 2 · 42 cm + 2 · 34 cm = 152 cm = 15,2 dm

b) Welche Längenangaben brauchst du, um den Flächeninhalt und den Umfang zu berechnen?

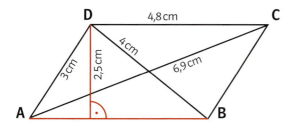

Für den Flächeninhalt: a = 4,8 cm und h = 2,5 cm
A = 4,8 cm · 2,5 cm = 12 cm²
Für den Umfang: a = 4,8 cm und b = 3 cm
u = 2 · 4,8 cm + 2 · 3 cm = 15,6 cm

Wissen kurz gefasst ✓

Für ein Parallelogramm mit den Seitenlängen a, b und der Höhe h gilt:
Flächeninhalt   A = a · h
Umfang   u = 2 · a + 2 · b

4 Flächen   Dreieck

AB 27

Flächeninhalt:
Um den Flächeninhalt A eines Dreiecks berechnen zu können, musst du die Länge der Grundseite c und die Höhe h des Dreiecks mit dem Geodreieck bestimmen. Es ist wichtig, dass die beiden Längen die gleiche Längeneinheit haben. Die Höhe h steht immer senkrecht auf der Grundseite.

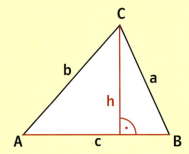

Der Flächeninhalt berechnet sich, indem man die Grundseite c mit der Höhe h multipliziert und das Ergebnis durch 2 dividiert.

$$A = \tfrac{1}{2} c \cdot h$$

Umfang:
Der Umfang berechnet sich aus den Längen der 3 Seiten:

$$u = a + b + c$$

Dreieck — Flächen 4

Vergleicht man ein Parallelogramm mit einem Dreieck, so erkennst du: Ein Parallelogramm entsteht aus einem Dreieck, indem du das Dreieck am Mittelpunkt einer Seite spiegelst. Deshalb ist der Flächeninhalt eines Dreiecks halb so groß wie der des durch Spiegelung entstehenden Parallelogramms.

Tipp

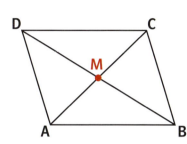
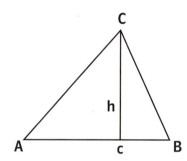

---

a = 2,4 cm; b = 37 mm; c = 4 cm; h = 22 mm

A = $\frac{1}{2}$ · 4 cm · 22 mm = $\frac{1}{2}$ · 40 mm · 22 mm = 440 mm² = 4,4 cm²

u = 2,4 cm + 37 mm + 4 cm = 2,4 cm + 3,7 cm + 4 cm = 10,1 cm

Beispiel

Wissen kurz gefasst ✓

Für ein Dreieck mit den Seitenlängen a, b, c und der Höhe h gilt:
Flächeninhalt   A = $\frac{1}{2}$c · h
Umfang   u = a + b + c

5 Körper

AB 28
AB 29

Da wir in einer dreidimensionalen Welt leben, haben wir es meistens mit Körpern zu tun. Diese Körper unterscheiden sich in ihrer Größe, Farbe, Gewicht usw. In der Geometrie kommt es jedoch nur auf die Form der Körper an.
Ein Körper ist ein dreidimensionaler Gegenstand, der durch Flächen begrenzt wird. Die Begrenzungsflächen, auch Oberflächen genannt, können eben oder gekrümmt sein.

Geometrische Grundkörper:

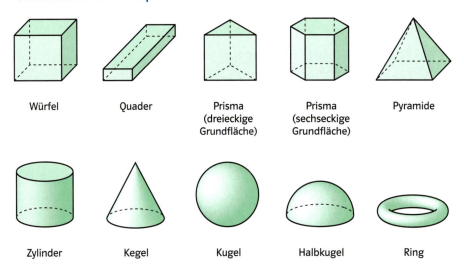

Würfel Quader Prisma (dreieckige Grundfläche) Prisma (sechseckige Grundfläche) Pyramide

Zylinder Kegel Kugel Halbkugel Ring

Die Stelle, an der zwei Flächen aufeinandertreffen, heißt Kante.
Die Stelle, an der mehrere Kanten aufeinandertreffen, nennt man Ecke.

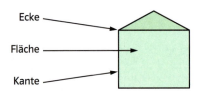

Körper 5

Körper

Kann man einen Körper entlang einer Kante aufschneiden und auf dem Tisch ausbreiten, so entsteht eine ebene Figur. Diese Figur nennt man das **Netz des Körpers.**

 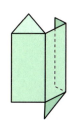 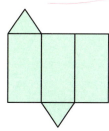

Prisma   aufgeschnittenes   Netz des Prismas
                Prisma

Durch Zusammensetzen der verschiedenen geometrischen Grundkörper kannst du neue Körper bilden.

a) Aus welchen Grundkörpern setzt sich das Haus zusammen?

 Das Haus setzt sich zusammen aus einem Quader mit quadratischer Grundfläche und einer Pyramide.

 Beispiel

b) Aus welchen Grundkörpern setzt sich die Tasse zusammen?

 Die Tasse besteht aus zwei Zylindern und einem Ring als Henkel.

Wissen kurz gefasst

Ein Körper ist dreidimensional und wird durch Flächen begrenzt.
Treffen zwei Flächen aufeinander, so entsteht eine Kante.
Treffen mehrere Kanten aufeinander, so entsteht eine Ecke.
Kann man einen Körper aufschneiden und auf einem Tisch ausbreiten, so entsteht ein Netz des Körper.

5 Körper

Quader und Würfel

AB 30

Ein **Quader** ist ein Körper, der durch sechs Rechtecke begrenzt wird.
Er ist durch **Länge, Breite und Höhe** eindeutig bestimmt.

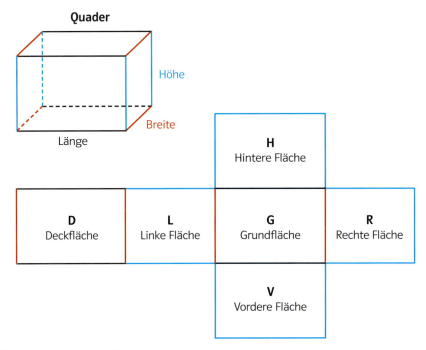

Eigenschaften eines Quaders:
- Ein Quader hat acht Ecken.
- Ein Quader hat zwölf Kanten.
  Jeweils vier Kanten sind parallel zueinander. Diese parallelen
  Kanten sind alle gleichlang.
  Benachbarte Kanten sind orthogonal zueinander.
- Ein Quader wird durch 6 Rechtecke begrenzt.
  Gegenüberliegende Rechtecke sind gleich groß (siehe Netz des Quaders).

Ein Spezialfall eines Quaders ist der **Würfel**.
Er wird von sechs quadratischen Flächen begrenzt.

Einen gezeichneten Körper kann man sich am besten
vorstellen, wenn man ihn als **Schrägbild** zeichnet.

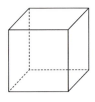

Quader und Würfel — Körper 5

Zeichnen eines Schrägbildes:
- Du beginnst mit der Vorderseite deines Quaders. Diese wird in der wahren Größe gezeichnet.
- Als Nächstes zeichnest du die nach hinten laufenden Kanten, also die Breite deines Quaders. Damit die Zeichnung echter aussieht, zeichnet man diese Kanten schräg nach hinten laufend und verkürzt. Man verwendet dabei für 1 cm Seitenlänge eine Kästchendiagonale. Die nach hinten laufenden Kanten, die man nicht sieht, werden gestrichelt gezeichnet.
- Verbindest du nun die Endpunkte deiner nach hinten laufenden Kanten miteinander, entsteht dabei die Rückseite deines Quaders. Auch hier zeichnest du die nicht sichtbaren Kanten gestrichelt.

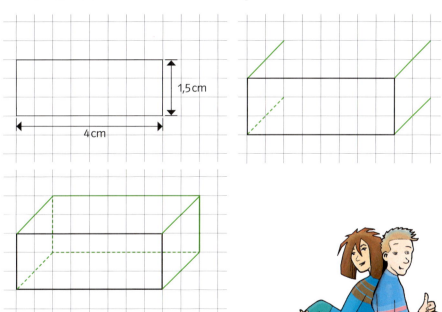

Wissen kurz gefasst ✓

Ein Quader ist ein geometrischer Körper mit acht Eckpunkten, 12 Kanten und sechs rechteckigen Flächen.
Ein Würfel ist ein Spezialfall eines Quaders. Er besteht aus sechs quadratischen Flächen.
Zur räumlichen Darstellung eines Quaders zeichnet man ein Schrägbild.

5 Körper — Volumen und Einheiten

AB 31
AB 32
AB 33

Um zwei Körper miteinander zu vergleichen, muss man den Rauminhalt bzw. das Volumen der beiden Körper kennen.
Eine Möglichkeit ist, den einen Körper mit Wasser zu füllen, und durch Umfüllen festzustellen, ob genauso viel Wasser hineinpasst.

Das **Volumen** oder **Rauminhalt** beschreibt das Fassungsvermögen eines Körpers.

Um das Volumen eines Körpers zu beschreiben, greift man auf den Rauminhalt von Würfeln zurück. Hat ein Würfel eine Kantenlänge von 1 cm, so hat er ein Volumen von 1 cm³ (Kubikzentimeter).

> Der **Rauminhalt V eines Quaders** wird folgendermaßen berechnet:
>
> $$V = a \cdot b \cdot c$$
>
> Wobei a die Länge, b die Breite und c die Höhe des Quaders ist.
> Da bei einem Würfel alle Kanten gleich lang sind, gilt hier: $V = a \cdot a \cdot a$.

Will man nun das Volumen anderer Körper bestimmen, so schaut man, wie oft der Würfel mit 1 cm³ in den Körper hineinpasst.
In einen Quader mit der Seitenlänge 10 cm = 1 dm passen 1000 Würfel mit dem Rauminhalt 1 cm³.
Also gilt: $V = 1\,dm \cdot 1\,dm \cdot 1\,dm = 10\,cm \cdot 10\,cm \cdot 10\,cm = 1000\,cm^3 = 1\,dm^3$

Die folgende Tabelle gibt dir eine Übersicht über die verschiedenen **Volumeneinheiten**:

Kantenlänge des Würfels	1 mm	1 cm	1 dm	1 m
Volumen-einheit	1 mm³	1 cm³	1 dm³ oder 1 l	1 m³
Name	Kubik-millimeter	Kubik-zentimeter	Kubikdezi-meter oder Liter	Kubikmeter
Beispiel	Laus	1 Würfelzucker	Milchtüte	Kühlschrank

Volumen und Einheiten Körper 5

Wie bei Längen- und Flächeneinheiten, müssen die Rauminhalte in der gleichen Einheit angegeben sein, wenn man sie vergleichen will.

Umrechnen von Volumeneinheiten:
So wie ein Würfel mit einem Volumen von 1 cm³ 1000-mal in einen Würfel mit der Seitenlänge 10 cm hineinpasst, passt auch ein Würfel mit dem Volumen von 1 dm³ 1000-mal in einen Würfel mit der Seitenlänge von 1 m.
Da 1 m³ = 1 m · 1 m · 1 m = 10 dm · 10 dm · 10 dm = 1000 dm² = 1 m³ ist, ist die Umrechnungszahl bei Flächeneinheiten immer 1000.

1 m³ = 1000 dm³
   1 dm³ = 1000 cm³
      1 cm³ = 1000 mm³

1 l = 1 dm³ = 1000 cm³ = 1000 ml
   1 cm³ =   1 ml

---

a) 5 m³ = 5000 dm³
b) 350 dm³ = 0,35 m³
c) 0,754 m³ = 754 dm³ = 754 000 cm³

Beispiel

Wissen kurz gefasst ✓

Das Volumen bzw. der Rauminhalt gibt an, wie groß das Fassungsvermögen eines Körpers ist
Volumeneinheiten sind: mm³, cm³, dm³, m³.
Die Umrechnungszahl bei Volumeneinheiten beträgt immer 1000.

6 Ganze Zahlen — Negative Zahlen

AB 34
AB 35

Unser bisheriger Zahlenbereich reicht für den alltäglichen Gebrauch nicht aus. Wir brauchen z. B. andere Zahlen, um Temperaturen unter 0 °C ausdrücken zu können. Diese Zahlen heißen negative Zahlen.
Erweitern wir unseren Zahlenstrahl um den Bereich links von der Null zu einer **Zahlengeraden**, so erhalten wir die **negativen Zahlen**.
Diese Zahlen unter 0 schreibt man mit einem Minuszeichen, z. B. –5.
Dieses Minuszeichen ist kein Rechenzeichen, sondern ein **Vorzeichen**.
Zahlen mit einem Pluszeichen davor, z. B. +7 heißen **positive Zahlen**.
Die Null ist weder positiv noch negativ.
Erweitert man die natürlichen Zahlen (0, 1, 2, 3, …) um die negativen Zahlen (–1, –2, –3, …), so erhält man einen neuen Zahlenbereich, die **ganzen Zahlen**.

Negative Zahlen stehen links von der 0. Sie haben das Vorzeichen –.

Positive Zahlen stehen rechts vor der 0. Sie haben das Vorzeichen +.

Die Zahl, die auf einer Zahlengeraden weiter links liegt, ist kleiner, z. B. –7 ist kleiner als –5.

Tipp

Auch unser Koordinatensystem kann auf diese Weise erweitert werden. Dazu verlängert man die x-Achse links von der Null und die y-Achse unterhalb der Null.

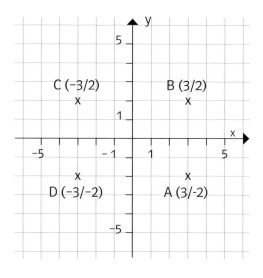

Negative Zahlen — Ganze Zahlen 6

Zu jeder positiven Zahl gibt es die negative **Gegenzahl**, d.h. zur Zahl +7 gibt es die Gegenzahl −7.
Genauso existiert zu jeder negativen Zahl eine positive Gegenzahl, d.h. zur Zahl −9 heißt die Gegenzahl +9.

Zahl und Gegenzahl haben jeweils den gleichen Abstand zu null. Dieser Abstand zur Zahl Null heißt **Betrag** der Zahl.

a) Ordne folgende Zahlen nach ihrer Größe:
   −89; +65; −112; 0; +89; +5
   −112 < −89 < 0 < 5 < 65 < 89

Beispiel

b) Welche Zahlen haben den Betrag 17?
   +17 und −17

c) Wie heißt die Gegenzahl von −25?
   +25

d) Welche Aussage ist richtig?
   −63 < 15 oder 15 < −63

   Die erste Aussage ist richtig: −63 < 15

Wissen kurz gefasst ✓

Negative Zahlen entstehen, indem man einen Zahlenstrahl nach links zu einer Zahlengeraden erweitert.
Der Abstand einer Zahl zu null heißt Betrag der Zahl.
Zu jeder Zahl existiert eine Zahl mit umgekehrtem Vorzeichen, sie heißt Gegenzahl.

6 Ganze Zahlen — Addieren und Subtrahieren

AB 36
AB 37
AB 38

Wie man zwei positive Zahlen miteinander addiert oder voneinander subtrahiert, wissen wir bereits. Wie verhält es sich jedoch, wenn wir eine positive und eine negative Zahl haben oder zwei positive Zahlen?

Addieren einer positiven Zahl:
Um zu einer negativen Zahl eine positive Zahl zu addieren, bewegen wir uns von der negativen Zahl aus um die positive Zahl nach rechts (Fig. 1). Dabei kann es vorkommen, dass die Null überschritten wird (Fig. 2).

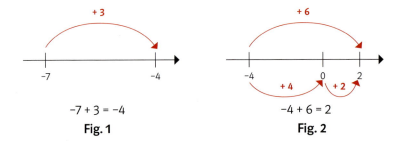

$-7 + 3 = -4$
Fig. 1

$-4 + 6 = 2$
Fig. 2

Subtrahieren einer positiven Zahl:
Um von einer negativen Zahl eine positive Zahl zu subtrahieren, bewegen wir uns auf der Zahlengeraden um die positive Zahl nach links. Die dabei entstehende Zahl ist wieder negativ (Fig. 3).
Sind beide Zahlen positiv, so kann das Ergebnis dennoch negativ sein. Dies ist der Fall, wenn der Subtrahend größer ist als der Minuend (Fig. 4).

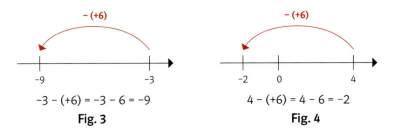

$-3 - (+6) = -3 - 6 = -9$
Fig. 3

$4 - (+6) = 4 - 6 = -2$
Fig. 4

Addieren und Subtrahieren — Ganze Zahlen 6

Addieren einer negativen Zahl:
Um zu einer Zahl eine negative Zahl zu addieren, bewegt man sich auf der Zahlengeraden nach links (Fig. 5 und Fig. 6).

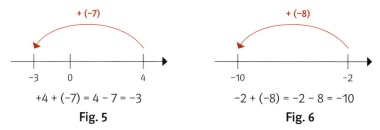

+4 + (−7) = 4 − 7 = −3   −2 + (−8) = −2 − 8 = −10
Fig. 5   **Fig. 6**

Vergleicht man die Figuren 5 und 6 mit den Figuren 3 und 4 so erkennt man: Addieren einer negativen Zahl zu einer Zahl entspricht dem Subtrahieren einer positiven Zahl, also dem Subtrahieren der Gegenzahl.

Subtrahieren einer negativen Zahl:
Um von einer Zahl eine negative Zahl zu subtrahieren, bewegt man sich auf der Zahlengeraden nach rechts (Fig. 7 und Fig. 8).

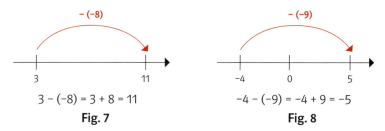

3 − (−8) = 3 + 8 = 11   −4 − (−9) = −4 + 9 = −5
Fig. 7   **Fig. 8**

Vergleicht man die Figuren 7 und 8 mit den Figuren 1 und 2, so erkennt man: Subtrahieren einer negativen Zahl von einer Zahl entspricht dem Addieren einer positiven Zahl, also dem Addieren der Gegenzahl.

Wissen kurz gefasst ✓

Addieren einer negativen Zahl ist dasselbe wie das Subtrahieren der Gegenzahl.
Subtrahieren einer negativen Zahl ist dasselbe wie das Addieren der Gegenzahl.

6 Ganze Zahlen — Multiplizieren und Dividieren

AB 39
AB 40

Außer dem Addieren und Subtrahieren von Zahlen spielen auch Multiplikation und Division eine entscheidende Rolle im Alltag. Bei der Multiplikation und Division von ganzen Zahlen gibt es wichtige Regeln zu beachten.

Multiplikation von ganzen Zahlen:
Multipliziert man zwei positive Zahlen, so ist das Produkt auch positiv.
Beispiel: $5 \cdot 3 = 15$

Multipliziert man zwei negative Zahlen, so ist ihr Produkt positiv.
Beispiel: $(-5) \cdot (-3) = 15$

Multipliziert man zwei Zahlen mit unterschiedlichem Vorzeichen, so ist das Produkt negativ.
Beispiel: $(-5) \cdot 3 = 5 \cdot (-3) = -15$

Division von zwei ganzen Zahlen:
Dividiert man zwei positive Zahlen, so ist ihr Quotient positiv.
Beispiel: $9 : 3 = 3$

Dividiert man zwei negative Zahlen, so ist der Quotient positiv.
Beispiel: $(-9) : (-3) = 3$

Dividiert man zwei Zahlen mit unterschiedlichem Vorzeichen, so ist der Quotient negativ.
Beispiel: $(-9) : 3 = 9 : (-3) = -3$

Multiplizieren und Dividieren — Ganze Zahlen — 6

Wieso ist das Produkt einer positiven und einer negativen Zahl immer negativ? Der Beweis ist einfach und einleuchtend.

Wir wissen: 3 + 3 = 2 · 3 = 6.
Genauso verhält es sich auch, wenn eine Zahl positiv und die andere negativ ist: −3 + (−3) = 2 · (−3) = −6

Ein ebenso einfacher Beweis zeigt, dass das Produkt zweier negativer Zahlen positiv ist.

Dazu setzen wir die uns bekannt Fünferreihe fort:
2 · (−5) = −10
1 · (−5) = −5
0 · (−5) = 0
−1 · (−5) = +5
−2 · (−5) = 10

a) 11 · (−5) = −55
b) −6 · (−3) = 18
c) −96 : 3 = −32
d) 75 : (−5) = −15
e) −63 : (−9) = 7

Beispiel

Wissen kurz gefasst ✓

Für die Vorzeichen einer Zahl gilt:
- Plus mal plus ergibt plus   + · + = +
- Minus mal minus ergibt plus   − · − = +
- Plus mal minus ergibt minus   + · − = −
- Minus mal plus ergibt minus   − · + = −
- Plus geteilt durch plus ergibt plus   + : + = +
- Minus geteilt durch minus ergibt plus   − : − = +
- Minus geteilt durch plus ergibt minus   − : + = −
- Plus geteilt durch minus ergibt minus.   + : − = −

6 Ganze Zahlen — Rechenausdrücke

Wie so oft in der Mathematik kommen die Grundrechenarten nicht nur alleine vor, sondern in Verbindung miteinander. Dabei müssen wir auf Regeln achten.

> Bei der Berechnung von Termen mit ganzen Zahlen gelten die gleichen **Regeln** wie bei den natürlichen Zahlen.
> - Klammern werden zuerst berechnet, dabei gilt innere Klammern zuerst, dann die äußeren Klammern
> - Punktrechnung erfolgt vor Strichrechnung.

Beachte:
Will man bei der Addition oder Subtraktion die Reihenfolge der Zahlen vertauschen, so muss man die Vorzeichen (Plus- und Minuszeichen) vor jeder Zahl mitnehmen.

$$-16 + 12 = +12 - 16$$
oder
$$+16 - 12 = -12 + 16$$

Rechenausdrücke — Ganze Zahlen 6

Beispiel

a) −18 + 60 − (24 −10) =
   −18 + 60 −   (14)   =
   +42   −   14   =
        28

b) (−13 + 28) − 49 + 25 − (18 − 27) =
       15   − 49 + 25 −   (−11)   =
            − 34 + 25 +   11   =
                  −9   +   11   =
                        2

c) (24 − 42) · (−3 − 2) =
     −18   ·   (−5)   =
            +90

d) −120 : (−27 − 33) + 11 =
   −120 :   (− 60)   + 11 =
            2   + 11 =
                13

e) (−21 + 6 · (−7)) : (−9) =
   (−21 + (−42))   : (−9) =
       −63   : (−9) =
              7

Wissen kurz gefasst

Bei Rechenausdrücken mit negativen Zahlen gilt:
- Klammern zuerst berechnen, dabei von innen nach außen arbeiten.
- Punktrechnung vor Strichrechnung.

Beim Vertauschen der Reihenfolge von Zahlen, muss man die Vorzeichen vor jeder Zahl mitnehmen.

7 Bruchzahlen — Bruchteile

AB 41

Aus unserem Alltag wissen wir, dass Größen nicht nur als ganze Zahlen auftauchen. So sagen viele Schüler nicht: „Die Schule beginnt um 7.45 Uhr", sondern „Die Schule beginnt um viertel vor acht."
Auch Größen wie Längen oder Gewichte werden oft als Anteile einer Maßeinheit angegeben, z. B. $\frac{1}{2}$ von 1 km ist $\frac{1}{2}$ km oder $\frac{3}{4}$ von 1 kg ist $\frac{3}{4}$ kg.

> Um **Anteile eines Ganzen** zu beschreiben, benutzt man Brüche,
> z. B. $\frac{1}{2}$; $\frac{2}{7}$; $\frac{3}{11}$; …
> Die Zahl oberhalb des Striches heißt **Zähler**, die Zahl unterhalb des Striches heißt **Nenner** des Bruches.
>
>

Bestimmen von Anteilen:
Ein Kuchen soll auf 4 Kinder verteilt werden, jedes Kind erhält **ein Viertel des Kuchens** ($\frac{1}{4}$ des Kuchens).
Teilt man den Kuchen auf 8 Kinder auf, so erhält jedes Kind **ein Achtel des Kuchens** ($\frac{1}{8}$ des Kuchens).

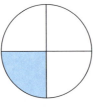 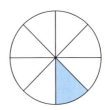

$\frac{1}{4}$ des Kuchens $\frac{1}{8}$ des Kuchens

Bruchteile — Bruchzahlen 7

Wenn nur drei der vier bzw. acht Kinder ihr Kuchenstück essen, so fehlt im einen Fall $\frac{3}{4}$ des Kuchens, im anderen Fall $\frac{3}{8}$ des Kuchens.

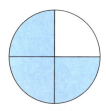
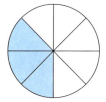

$\frac{3}{4}$ des Kuchens $\frac{3}{8}$ des Kuchens

Berechnen von Bruchteilen:
Wie viel ist:

a) $\frac{1}{4}$ m

Dazu teilt man 1 Meter in vier gleich lange Teile.
Ein Teil davon ist nun ein Viertel des ganzen Meters.
Da 1 m = 100 cm ist $\frac{1}{4}$ m = $\frac{100}{4}$ cm = 25 cm

b) $\frac{3}{10}$ kg

Dazu teilt man 1 Kilogramm in zehn gleich schwere Teile.
Dann nimmt man drei von diesen zehn Teilen.
Da 1 kg = 1000 g ist $\frac{1}{10}$ kg = $\frac{1000}{10}$ g = 100 g und $\frac{3}{10}$ kg = 3 · 100 g = 300 g.

Wissen kurz gefasst ✓

Brüche beschreiben den Anteil an einem Ganzen.
Die untere Zahl heißt Nenner, sie gibt an, in wie viele gleich große Teile das Ganze zerlegt wird.
Die obere Zahl heißt Zähler, sie gibt an, wie viele von den gleich großen Teilen genommen werden sollen.

7 Bruchzahlen — Kürzen und Erweitern

AB 42

Verschiedene Brüche können den gleichen Anteil an einem Ganzen darstellen.

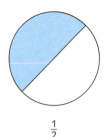 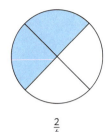 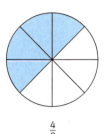

$$\frac{1}{2} = \frac{2}{4} = \frac{4}{8}$$

Wie wird aus dem Bruch $\frac{1}{2}$ der Bruch $\frac{4}{8}$?

> Multipliziert man den Zähler und den Nenner eines Bruches mit der gleichen Zahl, so sagt man, der Bruch wurde **erweitert**.
>
> *Beispiel:* $\frac{1}{2} = \frac{1 \cdot 4}{2 \cdot 4} = \frac{4}{8}$
>
> Dividiert man den Zähler und den Nenner durch die gleiche Zahl, so sagt man, der Bruch wurde **gekürzt**.
>
> *Beispiel:* $\frac{4}{8} = \frac{4:4}{8:4} = \frac{1}{2}$
>
> Wird ein Bruch erweitert oder gekürzt, so haben der ursprüngliche und der entstandene Bruch denselben Wert.

- Jeder Bruch kann mit einer beliebigen natürlichen Zahl erweitert werden.
- Einen Bruch kann man nur durch eine Zahl dividieren, mit der man den Nenner und Zähler ohne Rest dividieren kann.
  Man nennt diese Zahl auch den **gemeinsamen Teiler** von Zähler und Nenner.

Kürzen und Erweitern — Bruchzahlen 7

Erweitern und Kürzen von Brüchen:

a) Erweitere den Bruch $\frac{5}{9}$ mit der Zahl 7.

$$\frac{5}{9} = \frac{5 \cdot 7}{9 \cdot 7} = \frac{35}{63}$$

b) Kürze den Bruch $\frac{48}{56}$ mit der Zahl 8.

$$\frac{48}{56} = \frac{48 : 8}{56 : 8} = \frac{6}{7}$$

Brüche mit unterschiedlichen Nennern schreiben:

c) Schreibe den Bruch $\frac{4}{7}$ mit dem Nenner 35.

$$\frac{4}{7} = \frac{4 \cdot 5}{7 \cdot 5} = \frac{20}{35}$$

d) Sind die Brüche gleich groß?

$\frac{5}{9}$ und $\frac{60}{108}$

$$\frac{5}{9} = \frac{5 \cdot 12}{9 \cdot 12} = \frac{60}{108}$$

Beispiel

Wissen kurz gefasst ✓

Erweitern: Zähler und Nenner mit der gleichen natürlichen Zahl multiplizieren.
Kürzen: Zähler und Nenner durch die gleiche Zahl dividieren.
Gemeinsamer Teiler: Die Zahl, durch die man den Zähler und Nenner ohne Rest dividieren kann.

7 Bruchzahlen

Größenvergleich von Brüchen

Bei zwei natürlichen Zahlen sieht man sofort, welche von den beiden die größere Zahl ist. Bei Brüchen hingegen sieht man es nicht so einfach.

Brüche kann man genauso wie natürliche oder ganze Zahlen auf einer Zahlengeraden anordnen. Dabei ordnet man einem Punkt auf der Zahlengeraden eine **Bruchzahl** zu. Durch Erweitern oder Kürzen eines Bruches können zu einem Punkt auf der Zahlengeraden verschiedene Brüche gehören.

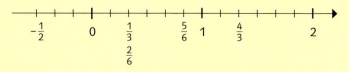

Diejenige Zahl, die auf der Zahlengeraden weiter rechts liegt, ist die größere Zahl.
Um dies zu entscheiden, müssen beide Zahlen als Bruch mit **gleichem Nenner** angegeben sein. Der Bruch mit dem größeren Zähler ist dann die größere Zahl.

Größenvergleich von Brüchen — Bruchzahlen 7

Beispiel

Vergleiche die folgenden Brüche:

a) $\frac{3}{4}; \frac{4}{5}$

Durch Erweitern der Brüche auf gleichen Nenner folgt: $\frac{3}{4} = \frac{3 \cdot 5}{4 \cdot 5} = \frac{15}{20}$ und $\frac{4}{5} = \frac{4 \cdot 4}{5 \cdot 4} = \frac{16}{20}$. Da bei dem zweiten Bruch der Zähler größer ist, ist er auch der größere Bruch.

$$\frac{3}{4} < \frac{4}{5}$$

b) $2\frac{1}{5}; 3$

Erweitern auf gleichen Nenner ergibt: $2\frac{1}{5} = \frac{10}{5} + \frac{1}{5} = \frac{11}{5}$ und $3 = \frac{15}{5}$
Damit folgt:
$$2\frac{1}{5} < 3$$

c) $\frac{12}{18}; \frac{8}{10}$

Durch Kürzen der beiden Brüche ergibt sich: $\frac{12}{18} = \frac{12:6}{18:6} = \frac{2}{3}$ und $\frac{8}{10} = \frac{8:2}{10:2} = \frac{4}{5}$.
Nun sieht man, der gemeinsame Nenner ist 15, d.h.
$\frac{2}{3} = \frac{2 \cdot 5}{3 \cdot 5} = \frac{10}{15}$ und $\frac{4}{5} = \frac{4 \cdot 3}{5 \cdot 3} = \frac{12}{15}$.
Also ist
$$\frac{2}{3} < \frac{4}{5}$$

Hinweis:
Brüche, die 1 ergeben (z. B. $\frac{4}{4}$ oder $\frac{7}{7}$) oder größer sind als 1, kann man auch in **gemischter Schreibweise** angeben. Es handelt sich dabei um eine Schreibweise aus einer ganzen Zahl und einem Bruch kleiner 1.

Beispiel: $\frac{4}{3} = 1 + \frac{1}{3} = 1\frac{1}{3}$

Wissen kurz gefasst ✓

Brüche vergleicht man, indem man sie durch Erweitern oder Kürzen oder beides hintereinander ausgeführt, auf den gleichen Nenner bringt. Dann ist der Bruch mit dem größeren Zähler auch der größere Bruch.

7 Bruchzahlen — Brüche und Prozente

AB 43
AB 44

Bei Umfragen oder Wahlen werden die Ergebnisse oft in Prozent angegeben. Diese Schreibweise gibt genauso wie Brüche Anteile an.

> Brüche mit dem Nenner 100 kann man auch in Prozent angeben.
> Dabei ist $\frac{1}{100} = 1\%$, $\frac{2}{100} = 2\%$; $\frac{10}{100} = \frac{1}{10} = 10\%$; $\frac{50}{100} = \frac{1}{2} = 50\%$

In einer Klasse mit 25 Schülern soll abgestimmt werden, wohin der Klassenausflug gehen soll. Zur Auswahl stehen der Zoo und das Schwimmbad. Die folgende Tabelle zeigt die Ergebnisse.

25 Schüler befragt	Zoo	Schwimmbad	egal
Absolute Häufigkeit	10	8	7

In der Tabelle wurden die genauen Anzahlen angegeben. Man sagt dazu auch **absolute Häufigkeit**.
Werden stattdessen die Anteile angegeben, so sagt man dafür **relative Häufigkeit**.

25 Schüler befragt	Zoo	Schwimmbad	Egal
Relative Häufigkeit	40%	32%	28%

Der Anteil der Schüler, die in den Zoo wollen, beträgt $\frac{10}{25} = \frac{40}{100} = 40\%$. Der Anteil der Schüler, die ins Schwimmbad wollen beträgt $\frac{8}{25} = \frac{32}{100} = 32\%$. Der Anteil der Schüler, denen es egal ist, beträgt $\frac{7}{25} = \frac{28}{100} = 28\%$.

Brüche und Prozente — Bruchzahlen 7

Beispiel

a) Schreibe die Anteile in Prozent:

$\frac{22}{100} = 22\,\%$; $\quad\quad \frac{60}{200} = \frac{30}{100} = 30\,\%$; $\quad\quad \frac{4}{20} = \frac{20}{100} = 20\,\%$

b) Schreibe die Anteile als Bruch:

$3\,\% = \frac{3}{100}$; $\quad\quad 80\,\% = \frac{80}{100} = \frac{4}{5}$; $\quad\quad 75\,\% = \frac{75}{100} = \frac{3}{4}$

c) Wie viel sind 15% von 50€?

$15\,\% = \frac{15}{100}$ $\quad\quad \frac{15}{100}$ von 50 € sind $15 \cdot \frac{50}{100}$ € = 7,50 €

Anteile können auch graphisch in Form von Kreisdiagrammen oder Säulendiagrammen dargestellt werden.

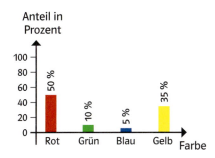

Wissen kurz gefasst ✓

Anteile können auch als Prozente angegeben werden.

Dabei bedeutet $1\,\% = \frac{1}{100}$.

Um einen Anteil in Prozent angeben zu können, muss man den Bruch zuerst so erweitern oder kürzen, dass der Nenner 100 beträgt.

7 Bruchzahlen — Addition und Subtraktion

AB 45

Susi und ihre Schwester gehen in eine Bäckerei und kaufen für sich, ihren Bruder und ihre Eltern je ein Stück Kuchen. Wie viel vom ganzen Kuchen ist noch übrig?

> Brüche mit dem **gleichen Nenner** addiert bzw. subtrahiert man, indem man die Zähler miteinander addiert bzw. subtrahiert und den Nenner beibehält.
>
> Beispiel: $\frac{5}{3} + \frac{1}{3} = \frac{5+1}{3} = \frac{6}{3} = 2$ bzw. $\frac{21}{15} - \frac{13}{15} = \frac{21-13}{15} = \frac{8}{15}$
>
> Brüche mit **verschiedenen Nennern** kann man erst addieren bzw. subtrahieren, wenn sie den gleichen Nenner haben. Durch Erweitern oder Kürzen bringt man die beiden Brüche auf den gleichen Nenner. Dann kann man sie wie gewohnt addieren bzw. subtrahieren.
>
> Beispiel: $\frac{7}{12} + \frac{1}{3} = \frac{7}{12} + \frac{1 \cdot 4}{3 \cdot 4} = \frac{7}{12} + \frac{4}{12} = \frac{11}{12}$
>
> Beispiel: $\frac{5}{18} - \frac{2}{9} = \frac{5}{18} - \frac{2 \cdot 2}{9 \cdot 2} = \frac{5}{18} - \frac{4}{18} = \frac{1}{18}$

Auf dem Zahlenstrahl lässt sich die Addition und Subtraktion von Brüchen folgendermaßen darstellen:

$\frac{1}{8} + \frac{5}{8} = \frac{6}{8}$ $\qquad$ $\frac{9}{10} - \frac{3}{10} = \frac{6}{10}$

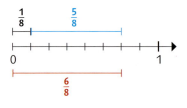
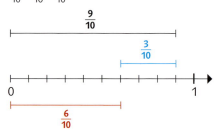

Addition und Subtraktion — Bruchzahlen 7

Für rationale Zahlen gelten die gleichen Rechenregeln wie bei der Addition und Subtraktion von ganzen Zahlen.

a) $\frac{4}{45} + (-\frac{4}{90}) = \frac{4}{45} - \frac{4}{90} = \frac{4}{45} - \frac{4:2}{90:2} = \frac{4}{45} - \frac{2}{45} = \frac{4-2}{45} = \frac{2}{45}$

b) $-\frac{1}{6} - (-\frac{1}{9}) = -\frac{1}{6} + \frac{1}{9} = -\frac{1 \cdot 3}{6 \cdot 3} + \frac{1 \cdot 2}{9 \cdot 2} = -\frac{3}{18} + \frac{2}{18} = \frac{-3+2}{18} = -\frac{1}{18}$

c) $-\frac{15}{12} + \frac{1}{8} = -\frac{15 \cdot 6}{12 \cdot 6} + \frac{1 \cdot 9}{8 \cdot 9} = -\frac{90}{72} + \frac{9}{72} = \frac{-90+9}{72} = \frac{-81}{72} = -\frac{27}{24}$

d) $1 - \frac{1}{7} = \frac{7}{7} - \frac{1}{7} = \frac{7-1}{7} = \frac{6}{7}$

e) $\frac{0}{7} - \frac{1}{19} = 0 - \frac{1}{19} = -\frac{1}{19}$

Wissen kurz gefasst ✓

Addieren bzw. Subtrahieren von Brüchen:
- Bringe die Brüche auf den gleichen Nenner.
- Schreibe die Brüche auf einen gemeinsamen Bruchstrich. Vergiss dabei die Minus- und Pluszeichen nicht.
- Berechne den Zähler und behalte den Nenner bei.
- Kürze dein Ergebnis vollständig.

7 Bruchzahlen — Multiplikation und Division

AB 46

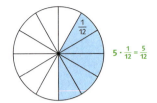

Wenn bei 5 Personen jeder $\frac{1}{12}$ von einem ganzen Kuchen isst, so fehlen am Schluss $\frac{5}{12}$ des Kuchens.

Multiplizieren von Brüchen mit einer Zahl:
Multipliziert man einen Bruch mit einer **natürlichen Zahl**, so wird der Zähler mit dieser Zahl multipliziert und der Nenner beibehalten.

Beispiel: $5 \cdot \frac{1}{12} = \frac{5 \cdot 1}{12} = \frac{5}{12}$

Multipliziert man einen Bruch mit einer **ganzen Zahl**, so bestimmt man zuerst das Vorzeichen des Ergebnisses und rechnet dann, wie bei natürlichen Zahlen.

Beispiel: $-3 \cdot \frac{1}{8} = -\frac{3 \cdot 1}{8} = -\frac{3}{8}$

Dividieren von Brüchen durch eine Zahl:
Dividiert man einen Bruch durch eine **natürliche Zahl**, so gibt es zwei Möglichkeiten:

1. Möglichkeit: Nur anzuwenden, wenn der Zähler durch die natürliche Zahl ohne Rest teilbar ist.
   Man dividiert den Zähler durch die natürliche Zahl und behält den Nenner bei.

   Beispiel: $\frac{6}{11} : 2 = \frac{6 : 2}{11} = \frac{3}{11}$

2. Möglichkeit: Immer anwendbar.
   Man multipliziert den Nenner mit der natürlichen Zahl und behält den Zähler bei.

   Beispiel: $\frac{3}{7} : 5 = \frac{3}{7 \cdot 5} = \frac{3}{35}$

Bruchzahlen

Multiplikation und Division

Dividiert man einen Bruch durch eine **ganze Zahl**, so bestimmt man zuerst das Vorzeichen des Ergebnisses und rechnet dann, wie bei natürlichen Zahlen.

Beispiel: $\frac{1}{2} : (-3) = -\frac{1}{2 \cdot 3} = -\frac{1}{6}$

Bevor man den Zähler oder Nenner mit einer Zahl multipliziert, ist es sinnvoll zu überprüfen, ob man kürzen kann.

Beispiel: $5 \cdot \frac{3}{25} = \frac{5 \cdot 3}{25} = \frac{5 \cdot 3}{5 \cdot 5} = \frac{3}{5}$

Tipp

Beispiel

---

a) $\frac{8}{27} \cdot 6 = \frac{8 \cdot 6}{27} = \frac{8 \cdot 2 \cdot 3}{9 \cdot 3} = \frac{16}{9}$

b) $-\frac{5}{8} \cdot (-12) = \frac{5}{8} \cdot 12 = \frac{5 \cdot 12}{8} = \frac{5 \cdot 3 \cdot 4}{2 \cdot 4} = \frac{15}{2}$

c) $\frac{-12}{7} : 4 = -\frac{12}{7} : 4 = -\frac{12 : 4}{7} = -\frac{3}{7}$

d) $\frac{56}{59} : 7 = \frac{56}{59 \cdot 7} = \frac{7 \cdot 8}{59 \cdot 7} = \frac{8}{59}$

Wissen kurz gefasst ✓

Brüche werden mit einer ganzen Zahl multipliziert, indem man den Zähler mit der Zahl multipliziert und den Nenner beibehält.
Brüche werden durch eine ganze Zahl dividiert, indem man den Nenner mit der Zahl multipliziert und den Zähler beibehält.
Auf Vorzeichen muss dabei geachtet werden.

7 Bruchzahlen Multiplikation und Division mit einem Bruch

AB 47
AB 48

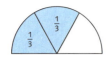

Von Susis Geburtstag ist noch ein halber Kuchen übrig. Davon isst sie auf jeden Fall noch $\frac{2}{3}$. Welchen Anteil vom ganzen Kuchen will Susi essen?

Multiplizieren von Brüchen:
Brüche werden multipliziert, indem man alles auf einen Bruchstrich schreibt und Zähler mit Zähler sowie Nenner mit Nenner multipliziert.
Haben die Brüche negative Vorzeichen, so berechnet man zuerst das Vorzeichen des Ergebnisses.

Beispiel: $\frac{2}{3} \cdot \frac{1}{2} = \frac{2 \cdot 1}{3 \cdot 2} = \frac{2}{6} = \frac{1}{3}$

Man sagt dazu: der Anteil $\frac{2}{3}$ von $\frac{1}{2}$ beträgt $\frac{1}{3}$ vom Ganzen.

Dividieren von Brüchen:
Brüche werden dividiert, indem man mit dem Kehrwert des Bruches multipliziert.
Den Kehrwert eines Bruches erhält man, indem man den Zähler mit dem Nenner vertauscht.

Beispiel: $\frac{3}{5} : \frac{7}{8} = \frac{3}{5} \cdot \frac{8}{7} = \frac{3 \cdot 8}{5 \cdot 7} = \frac{24}{35}$

Man kann eine Division auch durch einen **Doppelbruch** darstellen.
Ein Doppelbruch ist ein Quotient aus Bruchzahlen. Ein Bruchstrich ersetzt hierbei das Divisionszeichen.

Beispiel: $\frac{5}{9} : \frac{7}{4} = \dfrac{\frac{5}{9}}{\frac{7}{4}}$

Multiplikation und Division mit einem Bruch **Bruchzahlen** 7

Wichtig:
Ist bei einer Multiplikation ein Faktor 0, so ist das Produkt auch 0.
Ist bei einer Division, der Dividend 0, so ist der Quotient auch 0.
Bei einer Division darf der Divisor nie 0 sein.

Multipliziert man eine Zahl mit einem Bruch größer 1, so ist das Ergebnis größer als die Zahl. Multipliziert man dagegen die Zahl mit einem Bruch kleiner 1, so ist das Ergebnis kleiner als die Zahl.

Tipp

Beispiel: $\frac{3}{4} \cdot 2\frac{3}{9} = \frac{3}{4} \cdot \frac{21}{9} = \frac{3 \cdot 21}{4 \cdot 9} = \frac{63}{36} = \frac{7}{4} = 1\frac{3}{4} > \frac{3}{4}$

$3 \cdot \frac{2}{3} = \frac{3 \cdot 2}{3} = \frac{6}{3} = 2 < 3$

$\frac{3}{4} \cdot 0 = \frac{3 \cdot 0}{4} = 0$

Dividiert man eine Zahl durch einen Bruch größer 1, so ist das Ergebnis kleiner als die Zahl. Dividiert man eine Zahl mit einem Bruch zwischen 0 und 1, so ist das Ergebnis größer als die Zahl.

Beispiel: $\frac{9}{5} : 1\frac{1}{2} = \frac{9}{5} : \frac{3}{2} = \frac{9}{5} \cdot \frac{2}{3} = \frac{18}{15} = \frac{6}{5} < \frac{9}{5}$

$\frac{3}{7} : \frac{2}{3} = \frac{3}{7} \cdot \frac{3}{2} = \frac{9}{14} > \frac{3}{7} = \frac{6}{14}$

$\frac{0}{7} = 0 : 7 = 0$

$\frac{8}{0}$ geht nie!

Wissen kurz gefasst ✓

Brüche werden multipliziert, indem man den Zähler mit dem Zähler und den Nenner mit dem Nenner multipliziert.
Brüche werden dividiert, indem man den ersten Bruch mit dem Kehrwert des zweiten Bruches multipliziert.

8 Dezimalzahlen

Dezimalschreibweise

Im Alltag treten außer den ganzen Zahlen und den Brüchen auch Zahlen in Kommaschreibweise auf. Man nennt diese Schreibweise Dezimalschreibweise.

1 kg kostet 1,15 €

Die **Dezimalschreibweise** ist eine weitere Möglichkeit einen Bruch darzustellen. So kann man anstelle von $\frac{1}{10}$ auch 0,1 schreiben.

Umformen einer Dezimalzahl in einen Bruch:
Die Anzahl der Stellen hinter dem Komma bestimmt den Nenner des Bruches. Hat die Dezimalzahl ein, zwei, drei, … Stellen hinter dem Komma, so hat der Bruch den Nenner 10; 100; 1000; …

Beispiel: $7{,}5 = \frac{75}{10} = \frac{15}{2}$

Umformen eines Bruches in eine Dezimalzahl:
Will man aus einem Bruch eine Dezimalzahl machen, so muss man den Bruch erweitern, bis der Nenner eine Zehnerpotenz ist. Beträgt der Nenner des Bruches 10; 100; 1000; …, so hat die Dezimalzahl eine, zwei, drei, … Stellen hinter dem Komma.

Beispiel: $\frac{1}{5} = \frac{2}{10} = 0{,}2$

Liegen Größen, z. B. kg oder m, in Dezimalschreibweise vor, so entspricht die Umwandlung von einer kleineren zu einer größeren Maßeinheit einer Kommaverschiebung nach links.

Beispiel: 2,53 dm = 0,253 m

Die Umwandlung von einer größeren zu einer kleineren Maßeinheit, entspricht einer Kommaverschiebung nach rechts.

Beispiel: 5,7 kg = 5700 g

Dezimalzahlen

Dezimalschreibweise 8

Hängt man an eine Dezimalzahl Nullen an oder lässt diese weg, so verändert dies nicht den Wert der Dezimalzahl.
Beispiel: 6,70 = 6,700 = 6,7

a) $-0{,}58 = -\frac{58}{100} = -\frac{29}{50}$

b) $\frac{5}{8} = \frac{5 \cdot 125}{8 \cdot 125} = \frac{625}{1000} = 0{,}625$

↻ Beispiel

c) $0{,}900 = \frac{900}{1000} = \frac{9}{10} = 0{,}9$

d) $420\,m^2 = 4{,}20\,a = 4{,}2\,a$

e) $0{,}458\,m = 4{,}58\,dm = 45{,}8\,cm = 458\,mm$

f) $1\,m^3\,3\,dm^3 = 1003\,dm^3 = 1{,}003\,m^3$

Wissen kurz gefasst ✓

Dezimalzahlen sind eine andere Möglichkeit Brüche darzustellen.
Will man aus einer Dezimalzahl einen Bruch machen, so hat dieser Bruch je nach Anzahl der Nachkommastellen den Nenner 10; 100; 1000; …
Will man aus einem Bruch eine Dezimalzahl machen, so muss man den Bruch erst durch Erweitern oder Kürzen auf den Nenner 10; 100; 1000; … bringen. Die Dezimalzahl hat dann entsprechend eine, zwei, drei, … Nachkommastellen.

8 Dezimalzahlen — Addieren und Subtrahieren

AB 49

Beim Einkaufen bist du immer mit Dezimalzahlen konfrontiert. Um zu überprüfen, ob die Verkäuferin sich nicht verrechnet hat, musst du Dezimalzahlen addieren und subtrahieren können.

Addieren und Subtrahieren
Beides funktioniert mit Dezimalzahlen genauso wie mit natürlichen Zahlen. Man addiert bzw. subtrahiert die entsprechenden Dezimalstellen.

Beachte: Beim schriftlichen Rechnen muss **Komma unter Komma stehen!**

Beispiel

Berechne im Kopf
a) 0,5 + 2,4 = 2,9
b) −0,4 + 3,6 = 3,6 − 0,4 = 3,2
c) −16,5 − 23,2 = −39,7
d) −25 + 13,3 = −11,7

Rechne schriftlich
e) 8,65 + 3,46 = 12,11

```
   8,65
+  3,46
------
  12,11
```

f) 38,246 − 10,041 = 28,205

```
  38,246
− 10,041
-------
  28,205
```

g) 6,3 − 2,58 = 3,72

```
   6,30
−  2,58
------
   3,72
```

Addieren und Subtrahieren — Dezimalzahlen — 8

Tipp

Um Fehler zu vermeiden, musst du Nullen ergänzen.

Um ein Ergebnis zu überprüfen, ist es oft ausreichend, die Rechnung zu überschlagen, d.h. mit gerundeten Werten zu rechnen.

Runden von Dezimalzahlen:
Zuerst legt man fest, auf wie viele Nachkommastellen dass Ergebnis gerundet werden soll. Es gelten die gleichen Regeln wie bei natürlichen Zahlen:
Ist die erste Zahl, die man weglässt eine 0; 1; 2; 3; 4, so wird **abgerundet**.
Ist die erste Zahl, die man weglässt eine 5; 6; 7; 8; 9, so wird **aufgerundet**.

Beispiel

a) Runde 6,5478 auf Hundertstel:
   6,5478 ≈ 6,55 (die Ziffer 7 an der Tausendstelstelle entscheidet.)
b) Runde 6,543 m auf dm:
   6,543 m ≈ 65 dm (die Ziffer 4 an der cm-Stelle entscheidet)
c) Überschlage:
   47,47 + 52,52 − 19,19 − 63,63 ≈ 50 + 50 − 20 − 60 = 20
   (Genauer Wert: 17,17)

Wissen kurz gefasst ✓

Das Addieren und Subtrahieren funktioniert wie bei natürlichen Zahlen, indem man die entsprechenden Stellen untereinander schreibt.
Man muss beachten, dass beim schriftlichen Rechnen, Komma unter Komma steht.

Ist die erste Ziffer, die man weglässt eine
0; 1; 2; 3; 4, so rundet man ab.
5; 6; 7; 8; 9, so rundet man auf.

8 Dezimalzahlen — Multiplizieren

AB 50

Susi soll für ihre Mutter 5 Tüten Milch kaufen. Eine Tüte kostet 0,65 €. Wie viel Geld muss sie mitnehmen?

0,65 € · 5 = 3,25 €

Susi muss mindestens 3,25 € zum Einkaufen mitnehmen.

Multiplizieren einer Dezimalzahl mit einer Zehnerpotenz:
Multipliziert man eine Dezimalzahl mit einer Zehnerpotenz, d.h. 10; 100; 1000; …, so verschiebt sich das Komma der Dezimalzahl um 1; 2; 3; … Stellen nach rechts.

Beispiel: $2{,}589 \cdot 10^2 = 2{,}589 \cdot 100 = 258{,}9$

Vorgehensweise beim Multiplizieren einer Dezimalzahl mit einer Dezimalzahl:
1. Bestimme das Vorzeichen deines Ergebnisses
2. Multipliziere die Zahlen ohne Komma
3. Setze dein Komma so, dass das Ergebnis genau so viele Stellen hinter dem Komma hat wie die beiden Faktoren zusammen.

Beispiel: 2,5 · 1,5 = 3,75

Multiplizieren Dezimalzahlen 8

Beispiel

a) $8{,}569 \cdot 10^3 = 8{,}569 \cdot 1000 = 8569$
   Das Komma wird um drei Stellen nach rechts verschoben.

b) $2{,}36 \cdot 10^4 = 2{,}36 \cdot 10\,000 = 23\,600$
   Damit du das Komma vier Stellen nach rechts verschieben kannst, musst du zwei zusätzliche Nullen anfügen.

c) 25,74·15
     2574
   +12870
    386,10
   Der 1. Faktor hat zwei Nachkommastellen, der 2. Faktor keine, damit hat das Ergebnis auch zwei Nachkommastellen.

d) 2,358 · 0,65
     14148
   + 11790
    1,53270
Der 1. Faktor hat drei Nachkommastellen, der 2. Faktor hat zwei Nachkommastellen, also hat das Ergebnis fünf Nachkommastellen.

Wissen kurz gefasst ✓

Multiplizierst du eine Dezimalzahl mit
- einer Zehnerpotenz, so verschiebst du das Komma um die entsprechenden Stellen nach rechts.
- einer Dezimalzahl, so multiplizierst du die beiden Faktoren zuerst ohne Komma. Das Komma setzt du dann so, dass das Ergebnis so viele Nachkommastellen hat wie die Faktoren zusammen.

8 Dezimalzahlen — Dividieren

AB 51
AB 52

Susi und ihre Freundin Katrin wollen ihre Zeugnisse miteinander vergleichen. Da ihre Noten in vielen Fächern unterschiedlich sind, können sie die Zeugnisse nur vergleichen, wenn sie den Durchschnitt berechnen.

Dividieren einer Dezimalzahl durch eine Zehnerpotenz:
Dividiert man eine Dezimalzahl durch eine Zehnerpotenz, d.h. 10; 100; 1000; …, so verschiebt sich das Komma der Dezimalzahl um eins; zwei; drei; … Stellen **nach links**.

Beispiel: 56,6 : 10 = 5,66

Vorgehensweise beim Dividieren einer Dezimalzahl durch eine ganze Zahl:
1. Bestimme zuerst das Vorzeichen deines Ergebnisses.
2. Dividiere die Zahlen wie bei natürlichen Zahlen. Sobald du das Komma überschreitest, musst du auch ein Komma im Ergebnis setzen.

Vorgehensweise beim Dividieren einer Dezimalzahl durch eine Dezimalzahl:
1. Bestimme das Vorzeichen deines Ergebnisses.
2. Verschiebe das Komma beider Dezimalzahlen so weit nach rechts bis der Divisor eine ganze Zahl ist.
3. Dann verfährst du wie beim Dividieren durch eine ganze Zahl.

Dividieren — Dezimalzahlen 8

Das Dividieren von Dezimalzahlen durch natürliche Zahlen hängt mit dem Berechnen des Durchschnittes zusammen.
Den **Durchschnitt oder Mittelwert** erhält man, indem man alle Zahlen bzw. Größen addiert und die Summe durch die Anzahl der Zahlen oder Größen dividiert.
Anstelle von Mittelwert sagt man auch arithmetisches Mittel.
Beim Bestimmen des Mittelwertes von Größen muss man darauf achten, dass alle Größen die gleiche Einheit besitzen.

a) $0{,}456 : 10^2 = 0{,}456 : 100 = 0{,}00456$
   Damit du das Komma zwei Stellen nach links verschieben kannst, musst du zwei zusätzliche Nullen davor schreiben.

Beispiel

b) $\quad 9{,}2 : 8 = 1{,}15$
$\quad\;\; \underline{-8}$
$\quad\;\;\;\;\; 12 \qquad$ Komma setzen!
$\quad\;\; \underline{-\;\;8}$
$\quad\;\;\;\;\; 40$
$\quad\;\; \underline{-40}$
$\quad\;\;\;\;\;\;\; 0$

c) $8{,}395 : 3{,}65 = 839{,}5 : 365 = 2{,}3$
$\qquad\quad \underline{-\;730}$
$\qquad\quad\;\; 1095 \qquad$ Komma setzen!
$\qquad\quad \underline{-\,1095}$
$\qquad\quad\;\;\;\;\;\; 0$

Wissen kurz gefasst

Dividierst du eine Dezimalzahl durch
- eine Zehnerpotenz, so verschiebst du das Komma um die entsprechenden Stellen nach links.
- eine ganze Zahl, so rechnest du wie bei ganzen Zahlen und setzt, sobald du das Komma überschreitest, auch ein Komma in deinem Ergebnis.
- eine Dezimalzahl, so verschiebst du bei beiden Zahlen das Komma bis der Divisor ein ganze Zahl ist.

8 Dezimalzahlen — Zahlenbereiche

Im Laufe des 5. und 6. Schuljahres hast du verschiedene Zahlen kennen gelernt, z. B. Brüche, negative Zahlen, Dezimalzahlen usw. Diese kannst du zusammenfassen und ordnen.

Die natürlichen Zahlen $\mathbb{N} = \{0; 1; 2; 3; \ldots\}$
In der Grundschule hast du mit natürlichen Zahlen 0; 1; 2; 3 … gerechnet. Es hat sich gezeigt, dass die Addition und Multiplikation von natürlichen Zahlen wieder eine natürliche Zahl ergibt.
Beim Subtrahieren und Dividieren war das nicht immer der Fall.

Die ganzen Zahlen $\mathbb{Z} = \{\ldots; -2; -1; 0; 1; 2; 3\}$
Bei der Subtraktion von natürlichen Zahlen haben wir gemerkt, dass manchmal das Ergebnis eine negative Zahl ist. Deshalb wurde der Zahlenbereich um diese Zahlen erweitert und wir erhielten einen neuen Zahlenbereich, die ganzen Zahlen. Nun erhält man bei der Subtraktion auch wieder eine ganze Zahl.
Die Division bereitet jedoch noch immer Probleme.

Die rationalen Zahlen $\mathbb{Q}$:
Dies führte dazu, dass der Zahlenbereich noch weiter vergrößert werden musste. Es kamen die Bruchzahlen und Dezimalzahlen dazu. Dabei hast du festgestellt, dass jede Bruchzahl als Dezimalzahl dargestellt werden kann und umgekehrt. Die Bruch- oder Dezimalzahlen bilden den Zahlenbereich der rationalen Zahlen.

Für alle drei Zahlenbereiche gelten die Rechengesetze:
- Kommutativgesetz der Addition und Multiplikation
- Assoziativgesetz der Addition und Multiplikation
- Distributivgesetz

Eine graphische Darstellung dieser Zahlenbereiche siehst du rechts, sie zeigt:

Es existieren Zahlen, die zu den rationalen Zahlen gehören, aber nicht zu den ganzen oder natürliche Zahlen, z. B. $\frac{1}{3}$.

In der Mathematik hat man zwei Symbole $\in$ (Element) und $\notin$ (kein Element) eingeführt, die diesen Sachverhalt ausdrücken.

Zahlenbereiche — Dezimalzahlen 8

Man schreibt:

$\frac{1}{3} \in \mathbb{Q}$: $\frac{1}{3}$ ist **Element** der rationalen Zahlen.

$\frac{1}{3} \notin \mathbb{Z}$: $\frac{1}{3}$ ist **kein Element** der ganzen Zahlen.

$\frac{1}{3} \notin \mathbb{N}$: $\frac{1}{3}$ ist **kein Element** der natürlichen Zahlen.

Es gibt aber auch Zahlen, die zu allen drei Zahlenbereichen gehören, wie z. B. 2.
Man schreibt: $2 \in \mathbb{N}$; $2 \in \mathbb{Z}$; $2 \in \mathbb{Q}$.

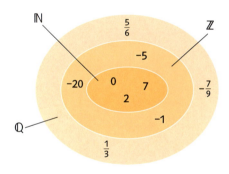

Wissen kurz gefasst ✓

	Zahlenbereich	Immer ausführbar	Nicht immer ausführbar
$\mathbb{N}$	Natürliche Zahlen z. B. 0; 6; 140	Addition, Multiplikation	Subtraktion (z. B. 5 − 8) Division (z. B. 4 : 5)
$\mathbb{Z}$	Ganze Zahlen z. B. −14; 7; 0	Addition, Subtraktion, Multiplikation	Division z. B. 4 : 5
$\mathbb{Q}$	Rationale Zahlen z. B. −3; 5; −0,3; $\frac{4}{9}$	Addition, Subtraktion, Multiplikation, Division (außer durch 0)	

9 Terme und Gleichungen

Grundregeln

Susi:
$$42 - (6 \cdot 13 + 7 \cdot 6)$$
$$= 42 - (78 + 42)$$
$$= 42 - 120 = -78$$

Tina:
$$42 - (6 \cdot 13 + 7 \cdot 6)$$
$$= 42 - (78 + 42)$$
$$= 42 - 78 + 42 = 6$$

Beim Berechnen von Termen müssen wir auf alle Fälle Regeln einhalten. Dennoch wollen wir schnell zu einem Ergebnis kommen. Deshalb werden wir zu den bekannten Regeln noch Regeln für geschicktes Rechnen kennen lernen.

Bei den negativen Zahlen hast du bereits die Grundregeln für das Rechnen mit Termen kennen gelernt. Diese Grundregeln gelten für alle Zahlenbereiche ($\mathbb{N}$, $\mathbb{Z}$, $\mathbb{Q}$), die wir bisher hatten.

Grundregeln für Terme:
1. Klammern immer zuerst berechnen. Innere Klammern vor äußeren Klammern.
2. Punktrechnung vor Strichrechnung
3. Kommen keine Klammern vor, so wird von links nach rechts gerechnet.

Manchmal ist es sinnvoller geschickt und richtig zusammenzufassen, als von links nach rechts zu rechnen. Dabei wendet man Gesetze an:
- **Kommutativgesetz** der Addition und Multiplikation
  $a + b = b + a$; $a \cdot b = b \cdot a$
- **Assoziativgesetz** der Addition und Multiplikation
  $(a + b) + c = a + (b + c)$; $(a \cdot b) \cdot c = a \cdot (b \cdot c)$
- **Distributivgesetz:**
  $a \cdot (b + c) = a \cdot b + a \cdot c$; $a \cdot (b - c) = a \cdot b - a \cdot c$

Wie wendet man diese Gesetze bei negativen Vorzeichen an?
Minusklammerregel:
Eine Minusklammer löst man auf, indem man bei den Zahlen in der Klammer aus den Pluszeichen ein Minuszeichen und aus den Minuszeichen ein Pluszeichen macht. Das Minuszeichen vor der Klammer und die Klammer werden weglassen.
Plusklammerregel:
Eine Plusklammer löst man auf, indem man das Pluszeichen vor der Klammer und die Klammer weglässt.

Terme und Gleichungen

Grundregeln

Beispiel

a) Minusklammer auflösen:
   35 − (25 − 5) = 35 − (+25 − 5) = 35 − 25 + 5 = 15

b) Plusklammer auflösen:
   35 + (25 − 5) = 35 + (+25 − 5) = 35 + 25 − 5 = 55

c) Verschiedene Wege führen zum gleichen Ergebnis:
   Klammern berechnen: 12 · (25,3 − 5,3) = 12 · 20 = 240
   Ausmultiplizieren: 12 · (25,3 − 5,3) = 303,6 − 63,6 = 240

d) Rechenvorteile nutzen:
   1,2 · 106 − 6 · 1,2 = 1,2 · (106 − 6) = 1,2 · 100 = 120
   Hier ist das Ausklammern geschickt, da die Klammer 100 ergibt.

Für den Term 9 · (8 − 3) kann man auch 9 · 8 − 9 · 3 schreiben.
Man sagt, es wurde **ausmultipliziert**.
Macht man das Ausmultiplizieren rückgängig, 8 · 4 + 8 · 6 = 8 · (4 + 6),
so sagt man, es wurde **ausgeklammert**.

Wissen kurz gefasst ✓

Regeln für Terme:
1. Klammern
2. Punkt- vor Strich
3. ohne Klammern von links nach rechts.
Minusklammer auflösen:
10 − (5 − 3) = 10 − 5 + 3 = 8
Plusklammer auflösen:
3 + (-2 + 7) = 3 − 2 + 7 = 8

9 Terme und Gleichungen — Terme mit einer Variablen

AB 53

Susi überlegt sich:

Wie viele Sticker kann ich für 3 € kaufen, wenn 1 Sticker 0,50 € kostet?

☐ · 0,5 € = 3 €

Sucht man eine Zahl, die mit 0,5 multipliziert 3 ergibt, so kann man dafür einen Term aufstellen: ☐ · 0,5 = 3. Anstelle des Kästchens verwendet man in der Mathematik Buchstaben, z. B. x, y, a, b, … Diese Buchstaben nennt man **Variable**. Es entsteht dann ein **Term mit einer Variablen**: $x \cdot 0{,}5 = 3$ oder $0{,}5 \cdot x = 3$.

Tipp

- Befindet sich zwischen einer Zahl und einer Variablen ein Malzeichen, so kannst du dieses einfach weglassen: $2 \cdot x = 2x$.
- Setzt man für x eine negative Zahl ein, so muss man eine Klammer um die Zahl machen:
  Setze in folgenden Term für x die Zahl −6 ein:
  $3x + 12 = 3 \cdot (-6) + 12 = -18 + 12 = -6$
- Kommt in einem Term mehrfach die Variable x vor, so muss man für jedes x die gleiche Zahl einsetzen:
  $3x + 2x + 4 = 3 \cdot 2 + 2 \cdot 2 + 4 = 6 + 4 + 4 = 14$
- Terme mit Variablen treten gerne bei Textaufgaben auf.

9 Terme und Gleichungen

Terme mit einer Variablen

Beispiel

a) Setze in dem Term für die Variable x nacheinander die Zahlen 3; 12 und –0,5 ein:

Term	3	12	–0,5
2 + 5x	2 + 5 · 3 = 17	2 + 5 · 12 = 62	2 + 5 · (–0,5) = –0,5
5 + 4 · (x –2)	5 + 4 · (3 – 2) = 9	5 + 4 · (12 – 2) = 45	5 + 4 · (–0,5 – 2) = –5
4x + 7x	4 · 3 + 7 · 3 = 33	4 · 12 + 7 · 12 = 132	4 · (–0,5) + 7 · (–0,5) = –5,5
(–2)x + 5x	(–2) · 3 + 5 · 3 = 9	(–2) · 12 + 5 · 12 = 36	(–2) · (–0,5) + 5 · (–0,5) = –1,5

b) Lena berechnet jeden Monat ihre Handyrechnung: Die Grundgebühr beträgt 4 € und für jede SMS zahlt sie 0,20 €. Der Term zur Berechnung sieht folgendermaßen aus: 4 + 0,20x. Wie hoch ist ihre Rechnung in folgenden Monaten?

Januar 20 SMS: 4 + 0,20 · 20 = 4 + 4 = 8 €
März 25 SMS: 4 + 0,20 · 25 = 4 + 5 = 9 €
Mai 10 SMS: 4 + 0,20 · 10 = 4 + 2 = 6 €
Juli 28 SMS: 4 + 0,20 · 28 = 4 + 5,60 = 9,60 €
September 32 SMS: 4 + 0,20 · 32 = 4 + 6,40 = 10,40 €

Wissen kurz gefasst ✓

Rechenausdrücke wie 3x; 7x +5; … nennt man Terme mit einer Variablen x. Für x kann man verschiedene Werte einsetzen. Es entsteht jedes Mal ein neuer Rechenausdruck.

9 Terme und Gleichungen — Terme aufstellen

AB 54

Leider werden Terme bei Aufgaben nicht immer mitgeliefert, sondern du musst erst einen Term aufstellen, bevor du das Ergebnis berechnen kannst.
Im Folgenden findest du eine Vorgehensweise, die dir das Aufstellen von Termen erleichtern soll.

Vorgehensweise beim Aufstellen von Termen:
Du möchtest dir ein Buch für 30 € kaufen. Dazu nimmst du dir vor, jeden Monat 5 € von deinem Taschengeld zu sparen. Vom Geburtstag hast du bereits 10 €. Wie lange musst du sparen?

1. Überlege dir, für welche Größe der Term aufgestellt werden soll. > Es soll ein Term für den gesparten Betrag aufgestellt werden

2. Überlege dir, wovon die gesuchte Größe abhängt. > Der gesparte Betrag hängt von der Anzahl der Monate ab.

3. Untersuche das Problem für kleine Zahlen. Eine Tabelle kann dir dabei helfen.

Monate	Term	Betrag
0		10
1	10 + 1 · 5	15
2	10 + 2 · 5	20

4. Beschreibe in Worten, wie du die gesuchte Größe berechnest. > Der Betrag ist 10 + (Monate · 5)

5. Überlege dir, wofür deine Variable stehen muss. > x steht für die Monate

6. Formuliere den Term > Der Betrag nach x Monaten ist:
$10 + x \cdot 5 = 30$

7. Rechne den Term aus. > $10 + x \cdot 5 = 30$
$x \cdot 5 = 20$
$x = 4$

Nach 4 Monaten hast du das Geld für dein Buch zusammen.

Terme und Gleichungen

Terme aufstellen — 9

Beispiel

a) Wie lautet der zugehörige Term?
   Denke dir eine Zahl, multipliziere sie mit 5 und addiere dazu 19.

   X sei die gedachte Zahl
   Term: $x \cdot 5 + 19$

b) Wie lautet der zugehörige Term?
   Denke dir eine Zahl, addiere zu ihr die Zahl 7 und multipliziere das Ergebnis mit 4.

   X sei die gedachte Zahl
   Term: $(x + 7) \cdot 4$

c) Wie groß ist der Umfang der Figur, wenn alle Maßzahlen in cm angegeben sind?

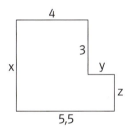

$U = x + 4 + 3 + y + z + 5{,}5$

Y lässt sich aus der Zeichnung berechnen zu : $y = 5{,}5 - 4 = 1{,}5$
Für z lässt sich folgender Term aufstellen: $z = x - 3$

Somit ergibt sich: $U = x + 4 + 3 + 1{,}5 + (x - 3) + 5{,}5 = x + (x - 3) + 14$

Wenn $x = 5\,\text{cm}$, so ergibt sich ein Umfang von 21 cm.

Wissen kurz gefasst

Um zu einer Aufgabe einen Term zu finden, muss man Folgendes tun:
- Für welche Größe will ich den Term aufstellen?
- Wovon hängt die Größe ab?
- Für kleine Zahlen das Problem lösen.
- Eine Variable einführen
- Den Term mithilfe der Variablen formulieren.

9 Terme und Gleichungen — Gleichungen

Bisher haben wir für die Variable x verschiedene Werte eingesetzt und unterschiedliche Ergebnisse erhalten. Wie kann man aber die Variable x finden, zu der genau ein vorgegebenes Ergebnis existiert?

> Sucht man eine Variable x, für die ein Term einen bestimmten Wert annimmt, so stellt man zur Berechnung von x eine Gleichung auf, z. B. für welche Variable x nimmt der Term $3 + 5x$ den Wert 28 an?
> Die zugehörige Gleichung lautet: $3 + 5x = 28$.
> Die Zahl, die man für x einsetzt und die die Gleichung erfüllt, nennt man die **Lösung der Gleichung**. In unserem Beispiel beträgt die Lösung $x = 5$.

Es gibt zwei Möglichkeiten die Lösung einer Gleichung zu bestimmen:
1. **Geschicktes Probieren:**
   Man setzt systematisch verschiedene Werte für x ein und probiert so lange bis der Term den gewünschten Wert annimmt.

2. **Rückwärts rechnen:**
   Man überlegt sich, wie kommt man von x aus zum richtigen Ergebnis.

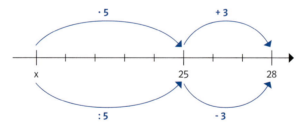

Überlege dann, wie man vom Ergebnis zum gewünschten x kommt. Indem man rückwärts rechnet. Man subtrahiert 3 von 28. Es bleibt 25 übrig. Die 25 teilt man durch 5 und erhält als Lösung der Gleichung 5.

 Tipp Um zu prüfen, ob das Ergebnis richtig ist, kann man eine Probe machen. Dazu setzt man den Wert, den man für x erhalten hat, in die Gleichung ein und vergleicht mit dem Ergebnis.

Gleichungen — Terme und Gleichungen 9

a) Löse folgende Gleichung und überprüfe mit einer Probe:
   4x − 5 = 7
   1. Probieren:

x	4x − 5
1	-1
2	3
3	7

   Lösung: x = 3

   2. Rückwärts rechnen: 4x − 5 = 7
                           7 + 5 = 12
                           12 : 4 = 3

   Lösung: x = 3

   Probe: Einsetzen von x = 3 in die Gleichung 4x − 5 = 7
          4 · 3 − 5 = 12 − 5 = 7
   Also ist x = 3 eine Lösung der Gleichung.

b) $\frac{3}{4}x - 17 = -11$
   −11 + 17 = 6
   $6 : \frac{3}{4} = 6 \cdot \frac{4}{3} = 8$

Wissen kurz gefasst ✓

Soll ein Term einen bestimmten Wert annehmen, so beschreibt man das Problem als Gleichung.
Die Zahl x, für die der Term den Wert annimmt, nennt man Lösung der Gleichung.
Eine Lösung kann man durch Probieren oder rückwärts rechnen bestimmen.

10 Winkel und Kreise

Winkel

AB 55
AB 56
AB 57
AB 58

In vielen Situationen des Lebens treten Winkel auf, z. B. beim Fußball erfolgt der Torschuss innerhalb eines Torwinkels oder das Dach eines Hauses besitzt einen Neigungswinkel.

Zwei unterschiedliche Halbgeraden mit gleichem Anfangspunkt bilden einen Winkel. Den Anfangspunkt nennt man in diesem Fall Scheitel S des Winkels. Die beiden Halbgeraden heißen Schenkel des Winkels.
Winkel bezeichnet man mit griechischen Buchstaben:
α – Alpha; β – Beta; γ – Gamma; δ – Delta.

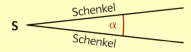

Winkel messen:
Die Weite eines Winkels wird in Grad angegeben.
Teilt man einen Kreis in 360 gleiche Kreisausschnitte, so entsteht ein Winkel von einem Grad (1°).

Vorgehensweise:
- Du legst dein Geodreieck mit der Grundseite an einen Schenkel des Winkels. Wichtig ist dabei, dass der Nullpunkt deines Geodreiecks mit dem Scheitel S des Winkels übereinstimmt.
- Lese nun auf der Skala die Winkelweite ab. Dabei benutzt du immer die Skala, bei der vom ersten zum zweiten Schenkel die Werte immer größer werden.

Der Winkel in unserem Bild hat eine Weite von 32°.

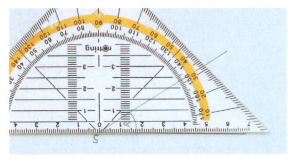

112

Winkel und Kreise — 10

Winkel

Zeichnen von Winkeln:
Beim Zeichnen eines Winkels gibt es zwei Möglichkeiten. In beiden Fällen liegt der Nullpunkt deines Geodreiecks auf dem Scheitel.
1. Nun drehst du das Geodreieck so lange, bis die Skala der gesuchten Winkelweite auf dem ersten Schenkel liegt.
2. Du machst bei der gewünschten Winkelweite mit den Bleistift einen kleinen Punkt. Diesen Punkt verbindest du nun mit dem Scheitel.

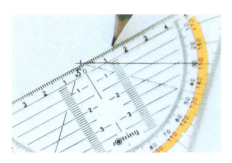

Winkelsorten:

Rechter Winkel Die Schenkel sind orthogonal zueinander ($\alpha = 90°$).	Gestreckter Winkel Die Schenkel bilden eine Gerade ($\alpha = 180°$).	Vollwinkel Die Schenkel liegen aufeinander ($\alpha = 360°$).
Spitzer Winkel Die Weite des Winkels liegt zwischen 0° und 90°.	Stumpfer Winkel Die Weite des Winkels liegt zwischen 90° und 180°.	Überstumpfer Winkel Die Weite des Winkels liegt zwischen 180° und 360°.

Wissen kurz gefasst ✓

Ein Winkel besteht aus zwei Schenkeln und einem Scheitel.
Man misst sie mit dem Geodreieck in Grad.
Bezeichnet werden Winkel mit griechischen Buchstaben.

10 Winkel und Kreise — Kreise und Kreisausschnitte

AB 59
AB 60
AB 61

Besondere Winkel sind Kreise und Kreisausschnitte.
Auf einem Kreis liegen alle Punkte, die von einem Punkt M den gleichen Abstand r haben.
Der Punkt M wird **Mittelpunkt des Kreises** genannt.
Der Abstand r wird **Radius des Kreises** genannt.
Zeichnet man eine Strecke durch den Mittelpunkt des Kreises, so erhält man den **Durchmesser d**. Der Durchmesser ist doppelt solang wie der Radius.

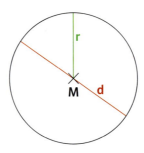

Zeichnest du in einen Kreis zweimal den Radius ein, so erhältst du einen **Kreisausschnitt**. Dabei ist der Mittelpunkt des Kreises auch der Scheitel eines Winkels. Dieser Winkel heißt **Mittelpunktswinkel**.

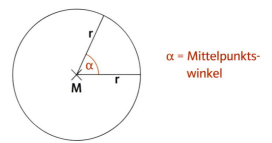

α = Mittelpunktswinkel

Winkel und Kreise

Kreise und Kreisausschnitte

10

Willst du mit dem Fahrradcomputer deine Geschwindigkeit messen, musst du den Umfang deines Reifens kennen. Um diesen zu berechnen, gibt es eine Formel.

Umfang eines Kreises:
Der Umfang eines Kreises ist etwa dreimal so groß wie der Durchmesser des Kreises. Der genaue Faktor beträgt ungefähr 3,14 und heißt Kreiszahl π (sprich: pi).

$$u = π · d = π · 2r = 2 · π · r$$

Flächeninhalt eines Kreises:
Für den Flächeninhalt gilt:

$$A = π · r^2$$

Berechne den Umfang und Flächeninhalt eines Kreises mit dem Radius r = 5 cm.

u = 2 · π · r = 2 · π · 5 cm = π · 10 cm ≈ 31,42 cm
A = π · r² = π · (5 cm)² = π · 25 cm² = 78,54 cm²

Beispiel

Wissen kurz gefasst ✓

Ein Kreis ist eine Fläche, bei der alle Punkte auf der Kreislinie den gleichen Abstand r zum Mittelpunkt haben.
Zwei Radien schneiden aus einem Kreis einen Kreisausschnitt aus. Der entstehende Winkel heißt Mittelpunktswinkel.

11 Zuordnungen

Mittels einer Tabelle oder eines Diagramms können wir Größen veranschaulichen.

Schule mit Schulweg	Hausaufgaben Freizeit	Freizeit	Essen, Schlafen ...
7 h	1 h 30 min	6 h	9 h 30 min

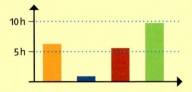

Mit Diagrammen kann man auch zeigen, wie zwei Größen voneinander abhängen, z. B. das Gewicht und der Preis oder die Temperatur von der Uhrzeit.

In einer **Zuordnungstabelle** beschreibt man, wie eine Größe von einer anderen Größe abhängt. Man ordnet also einer Ausgangsgröße eine andere Größe zu.

Diese Abhängigkeit bzw. Zuordnung kann man auch in einem **Diagramm** darstellen. Dazu trägt man die eine Größe auf der x-Achse ab und die andere Größe auf der y-Achse.
Abhängigkeiten kannst du oft **in Worten** formulieren.
Manchmal existiert eine **Zuordnungsvorschrift**. Mit dieser kann man mithilfe der Ausgangsgröße die zugeordnete Größe berechnen.

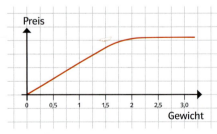

Liniendiagramm

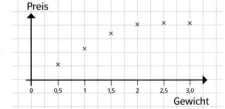

Punktdiagramm

Zuordnungen — Zuordnungen 11

Die Diagramme können aus Punkten oder Linien bestehen.
Bei Liniendiagrammen werden die einzelnen Punkte miteinander verbunden.
Linien sind dann sinnvoll, wenn auch Zwischenwerte gefragt sind.

Tipp

Die Tabelle gibt die Temperatur eines Sommertages in Abhängigkeit von der Uhrzeit wieder. Zeichen ein Diagramm, indem man diese Abhängigkeit erkennen kann.

Beispiel

Uhrzeit	6	8	10	12	14	16	18	20	22
T in °C	12	14	18	23	28	29	26	23	20

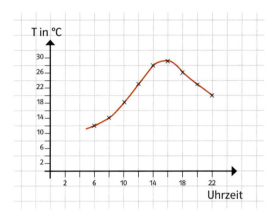

Wissen kurz gefasst

Zuordnungstabellen und Diagramme sind dazu da, um Abhängigkeiten zwischen zwei Größen darzustellen.
Dazu trägt man die eine Größe auf der x-Achse und die andere Größe auf der y-Achse ab.
Es gibt Punkt- und Liniendiagramme.

11 Zuordnungen — Proportionale Zuordnungen

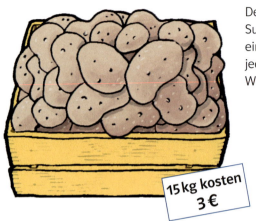

Deine Mutter schickt dich in den Supermarkt. Du sollst 5 kg Kartoffeln einkaufen. Auf dem Schild steht jedoch nur der Preis für 15 kg. Wie viel kosten 5 kg?

15 kg kosten 3 €

Eine Größe ist **proportional** zu einer anderen Größe, wenn gilt:
- Verdoppelt (verdreifacht, vervierfacht, …) man die erste Größe, so verdoppelt (verdreifacht, vervierfacht, …) sich auch die zweite Größe.
- Halbiert (drittelt, viertelt, …) man die erste Größe, so halbiert (drittelt, viertelt, …) sich auch die zweite Größe.

Zeichnet man für diese proportionale Zuordnung ein Diagramm, so erhält man eine Halbgerade, die im Ursprung beginnt.

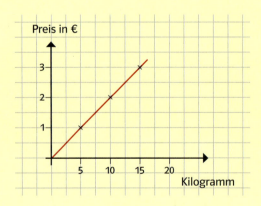

Proportionale Zuordnungen nennt man auch Je-mehr-desto-mehr-Zuordnungen, z. B. Je mehr Kartoffeln du kaufst, desto mehr musst du bezahlen.

Zuordnungen 11

Proportionale Zuordnungen

Beispiel

Ein Schwimmbecken wird mit Wasser gefüllt. Die Tabelle gibt die Wassermenge und den zugehörigen Wasserstand im Becken wieder.
Vervollständige die Tabelle und zeichne das zugehörige Diagramm.
Wie hoch steht das Wasser bei einer Wassermenge von 250 m³?

Wassermenge	0 m³	100 m³	200 m³	300 m³	400 m³	500 m³
Füllhöhe	0 m	2 m	4 m	6 m	8 m	10 m

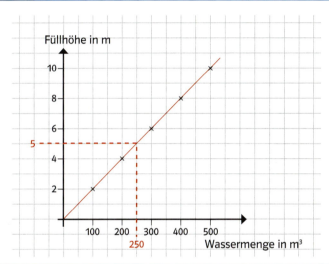

Wissen kurz gefasst ✓

Proportional Zuordnungen heißen auch Je-mehr-desto-mehr-Zuordnungen.

Verdoppelt (verdreifacht, vervierfacht, …) man den Wert einer Größe, so verdoppelt (verdreifacht, vervierfacht, …) sich auch der Wert der anderen Größe.

Halbiert (drittelt, viertelt, …) man den Wert einer Größe, so halbiert (drittelt, viertelt, …) sich auch der Wert der anderen Größe.

11 Zuordnungen — Dreisatz bei proportionalen Zuordnungen

AB 62

Bei einer proportionalen Zuordnung kann man die gesuchte Größe auch ohne Diagramm durch Rechnung bestimmen. Dazu benutzt man den so genannten Dreisatz.

Um den **Dreisatz** anwenden zu können, muss man vorher prüfen, ob es sich um eine proportionale Zuordnung handelt, d.h.:
- Wenn sich die eine Größe verdoppelt (verdreifacht, vervierfacht, …), ob sich dann auch die andere Größe verdoppelt (verdreifacht, vervierfacht, …)?
- Wenn sich die eine Größe halbiert (drittelt, viertelt, …), ob sich dann auch die andere Größe halbiert (drittelt, viertelt, …)?

Ist eine dieser Bedingungen erfüllt, kann man den Dreisatz anwenden.
Lösungsverfahren:

- Trage in einer Tabelle die zusammengehörenden Größenangaben ein. Die gesuchte Größe steht in der rechten Spalte.

Größe 1	Größe 2
Gegeben	Gegeben
…	…
Gegeben	Gesucht

- Suche durch Dividieren bzw. Multiplizieren einen geeigneten Zwischenwert.
- Berechne durch Multiplizieren bzw. Dividieren das Endergebnis.

Den Dreisatz kann man nur bei proportionalen Zuordnungen anwenden!

Dreisatz bei proportionalen Zuordnungen Zuordnungen   11

Beispiel

Ein Auto braucht für 100 km 8 l Benzin.
a) Wie viel Benzin braucht das Auto für 350 km?
b) Wie weit kann das Auto mit 55 l Benzin fahren?

a)

Kilometer	Benzin
100	8
350	28

· 3,5 ... · 3,5

Das Auto braucht für 350 km 28 Liter Benzin.

b)

Benzin	Kilometer
8	100
1	12,5
55	687,5

: 8 ... : 8
· 55 ... · 55

Mit 55 Litern Benzin kann das Auto 687,5 km fahren.

Wissen kurz gefasst ✓

Mit dem Dreisatz kann man bei proportionalen Zuordnungen mittels zweier zusammengehörender Größenangaben weitere Werte berechnen.

Lösungsstrategie:
- Gegebene und gesuchte Werte in eine Tabelle eintragen.
- Mittels Division bzw. Multiplikation einen Zwischenwert berechnen.
- Mittels Multiplikation bzw. Division das Endergebnis bestimmen.

11 Zuordnungen — Antiproportionale Zuordnungen

Ihr wollt zu Hause euren 300 l Gartenteich mit einem Wasserschlauch befüllen. Da in 1 Minute 3 l aus der Zuleitung kommen, braucht ihr 100 Minuten, um den Teich zu füllen. Wie lange braucht ihr, wenn ihr 2, 3 oder 4 Zuleitungen benutzt?

Eine Größe ist **antiproportional** zu einer anderen Größe, wenn gilt:
- Verdoppelt (verdreifacht, vervierfacht, …) man die erste Größe, so halbiert (drittelt, viertelt, …) sich die zweite Größe.
- Halbiert (drittelt, viertelt, …) man die erste Größe, so verdoppelt (verdreifacht, vervierfacht, …) sich die zweite Größe.

Zeichnet man für diese antiproportionale Zuordnung ein Diagramm, so erhält man eine Hyperbel.

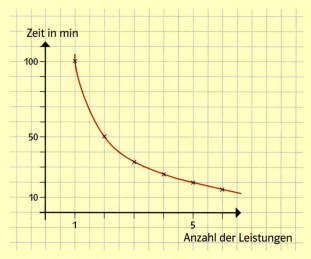

Antiproportionale Zuordnungen nennt man auch Je-mehr-desto-weniger Zuordnungen,
z. B. Je mehr Zuleitungen du benutzt, desto schneller ist dein Becken gefüllt.

Antiproportionale Zuordnungen — Zuordnungen 11

Ein Rechteck soll bei variabler Länge und Breite immer den gleichen Flächeninhalt von 400 m² haben.
Vervollständige die Tabelle und zeichne das zugehörige Diagramm.

Beispiel

Länge in m	50	100	200	400
Breite in m	8	4	2	1

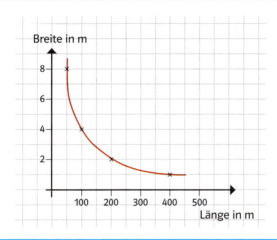

Wissen kurz gefasst ✓

Antiproportional Zuordnungen heißen auch Je-mehr-desto-weniger-Zuordnungen.

Verdoppelt (verdreifacht, vervierfacht, …) man den Wert einer Größe, so halbiert (drittelt, viertelt, …) sich der Wert der anderen Größe.

Halbiert (drittelt, viertelt, …) man den Wert einer Größe, so verdoppelt (verdreifacht, vervierfacht, …) sich der Wert der anderen Größe.

11 Zuordnungen — Antiproportionale Zuordnungen

AB 63

Wie bei einer proportionalen Zuordnung kann man auch bei einer antiproportionalen Zuordnung die gesuchte Größe ohne Diagramm durch Rechnung bestimmen. Dazu benutzt man ebenso den Dreisatz.

> Will man den Dreisatz anwenden, muss man vorher prüfen, ob es sich um eine antiproportionale Zuordnung handelt, d.h.:
> - Wenn sich die eine Größe verdoppelt (verdreifacht, vervierfacht, …), ob sich dann die andere Größe halbiert (drittelt, viertelt, …) ?
> - Wenn sich die eine Größe halbiert (drittelt, viertelt, …), ob sich dann die andere Größe verdoppelt (verdreifacht, vervierfacht, …)?
>
> Ist eine dieser Bedingungen erfüllt, kann man den Dreisatz anwenden.
> **Lösungsverfahren**:

- Trage in einer Tabelle die zusammengehörenden Größenangaben ein. Die gesuchte Größe steht in der rechten Spalte.

Größe 1	Größe 2
Gegeben	Gegeben
…	…
Gegeben	Gesucht

- Suche durch Dividieren bzw. Multiplizieren einen geeigneten Zwischenwert.
- Berechne durch Multiplizieren bzw. Dividieren das Endergebnis.

Antiproportionale Zuordnungen — Zuordnungen 11

> **Tipp**
>
> Den Dreisatz kann man nur bei proportionalen und antiproportionalen Zuordnungen anwenden!

Du liest ein Buch mit 120 Seiten. Wenn du jeden Tag 10 Seiten liest, bist du in 12 Tagen mit dem Buch fertig.

Beispiel

a) Wie viele Seiten musst du jeden Tag lesen, damit du nach 8 Tagen damit fertig bist?
b) Wie viel Tage musst du lesen, wenn du jeden Tag nur 6 Seiten schaffst?

a)

Zeit in Tagen	Seiten pro Tag
12	10
4	30
8	15

:3 ↓ ·3 ↓
·2 ↓ :2 ↓

Du musst jeden Tag 15 Seiten lesen, damit du in 8 Tagen fertig bist.

b)

Seiten pro Tag	Zeit in Tagen
10	12
2	60
6	20

:5 ↓ ·5 ↓
·3 ↓ :3 ↓

Wenn du jeden Tag 6 Seiten liest, dann brauchst du 20 Tage.

Wissen kurz gefasst ✓

Mit dem Dreisatz kann man bei antiproportionalen Zuordnungen mittels zweier zusammengehörender Größenangaben weitere Werte berechnen.

Lösungsstrategie:
- Gegebene und gesuchte Werte in eine Tabelle eintragen.
- Mittels Division bzw. Multiplikation einen Zwischenwert berechnen.
- Mittels Multiplikation bzw. Division das Endergebnis bestimmen.

Register

A
Achsensymmetrie 50 f.
achsensymmetrisch 50 f.
addieren 20, 69, 74 f., 96 f.
Addition 20 f., 78, 88 f.
antiproportionale Zuordnungen 122 ff.
arithmetisches Mittel 101
Assoziativgesetz 34ff., 104
Aufstellen von Termen 108

B
Basis 38
Betrag 73
Brüche 80 ff., 92, 94
Bruchteile 80 f.

D
Dezimalschreibweise 94 f.
Dezimalzahl 95
Diagonale 55
Diagramme 12 f., 116 f.
Differenz 20
Distributivgesetz 37, 104
Dividend 26
dividieren 76 f., 100 f.
Dividieren einer Dezimalzahl 100
Dividieren von Brüchen 90
Division 26 f., 76, 90 ff.
Divisor 26
Doppelbruch 92
Dreieck 54, 64 f.
Dreisatz 120 f., 124 f.
Durchmesser 114
Durchschnitt 101

E
Eckpunkte 55
Einheiten 16 f., 70 f.
erweitern 82 f., 85
Exponent 38

F
Figuren 54 f.
Fläche 54
Flächeneinheiten 58 f.
Flächeninhalt 58 f.
Flächeninhalt eines Dreiecks 64
Flächeninhalt eines Kreises 115
Flächeninhalt eines Parallelogramms 62
Flächeninhalt eines Quadrats 61
Flächeninhalt eines Rechtecks 60 f.
Fünfeck 54
Fünfersystem 15

G
ganze Zahlen 72, 90 f., 102
Gegenzahl 73
geometrische Grundkörper 66
Geraden 46 ff.
Gewichte 16
Gewichtsangaben 16
Gleichungen 110 f.
große Zahlen 8 ff.
Größen 16 ff.
Grundzahl 38

H
Halbgerade 47, 112
Hochzahl 38

J
Je-mehr-desto-mehr-Zuordnungen 118
Je-mehr-desto-weniger-Zuordnungen 122

K
Kegel 54, 66
Kehrwert 92
Klammern 78, 104 ff.
Kommaschreibweise 18 f., 94
Kommutativgesetz 34 ff., 104
Koordinatensystem 44 f., 72
Körper 66 f.
Kreisausschnitte 114 f.
Kreise 114 f.
Kugel 54, 66
kürzen 82 f., 85

L
Längeneinheiten 16
Liniendiagramm 116

Register

M
Maßeinheit 94
Minuend 20
Mittelpunkt des Kreises 114
Mittelwert 101
Multiplikation 26 f., 76, 90 ff.
multiplizieren 76 f., 98 f.
Multiplizieren einer Dezimalzahl 98
Multiplizieren von Brüchen 90, 92

N
Nachfolger 6
natürliche Zahlen 6, 90, 102
negative Zahlen 72 ff., 104
Nenner 80, 83f., 86, 88 ff.
Netz 67

O
orthogonal 48

P
parallele Geraden 49
Parallelogramm 54, 56, 62 f.
positive Zahlen 72, 74
Potenzen 38f.
Potenzwert 38
Primfaktoren 43
Primfaktorzerlegung 42 f.
Primzahlen 42 f.
Prisma 66 f.
Produkt 26, 77
proportionale Zuordnungen 118 ff.
Prozente 86 f.
Punktdiagramm 116
Punktrechnung 33, 78
Punktsymmetrie 52 f.
punktsymmetrisch 52 f.
Pyramide 54, 66

Q
Quader 54, 66, 68 f.
Quadrat 57
Quotient 26, 76

R
Radius 114
rationale Zahlen 102

Rauminhalt eines Quaders 70
Raute 54, 57
Rechenausdrücke 32 f., 39, 78 f.
Rechengesetze 33 ff., 102
Rechenregeln
Rechenvorteile 35
Rechteck 56
Runden von Dezimalzahlen 97
Runden von großen Zahlen 10
Runden von Zahlen 10 f.
Rundungsstelle 10 f.
Rundungsziffer 10

S
Schnittpunkt 48
Schnittpunkt von Geraden 48
Schrägbild 68 f.
schriftliche Addition 22
schriftliches Addieren 22 f.
schriftliches Addieren von großen Zahlen 22
schriftliches Dividieren 30 f.
schriftliches Multiplizieren 28 f.
schriftliches Subtrahieren 24 f.
Sechseck 54
Spiegelachse 50
Stellenwert 24
Stellenwertsystem 7, 14 f.
Stellenwerttafel 23, 30
Strecken 46 f.
Strichrechnung 33, 78
Subtrahend 20
subtrahieren 20, 74 f., 96 f.
Subtraktion 20 f., 78, 88 f.
Summand 20
Summe 20
Symmetrieachse 50
Symmetriezentrum 52

T
Tabelle 12 f.
Teiler 40 f., 82
Terme 32 f., 104 ff.
Textaufgaben 106

U
Überschlag 22 f., 29
Überschlagsrechnung 22 f., 25, 28, 31

127

Register

Umfang eines Kreises 115
Umfang eines Quadrats 61
Umfang eines Rechtecks 60 f.
Umformen einer Dezimalzahl 94
Umformen eines Bruches 94
Umrechnen von Flächeneinheiten 59
Umrechnen von Gewichten 17
Umrechnen von Größen 18 f.
Umrechnen von Längeneinheiten 17
Umrechnen von Volumeneinheiten 71
Umrechnen von Zeitangaben 17

V

Variable 106 f., 110
Vieleck 54 f.
Vielfache 40 f.
Vierecke 54, 56 f.
Volumen 70 f.
Vorgänger 6

W

Winkel 112 f.
Winkelsorten 113
Würfel 66, 68 f.

X

x-Koordinate 44

Y

y-Koordinate 44

Z

Zahlbegriff 6 f.
Zahlenbereiche 102 f.
Zahlengeraden 72
Zähler 80, 90 ff.
Zehnersystem 7, 14
Zeitangaben 16
Zeitdauern 16
Zuordnungen 116 f.
Zuordnungstabelle 116
Zuordnungsvorschrift 116
Zweiersystem 15
Zylinder 66

Tanja Reimbold

KomplettWissen Gymnasium

Mathematik 5 – 8

7./8. Schuljahr

Klett Lernen und Wissen

Inhalt

1 Prozent- und Zinsrechnung
Prozentrechnung 6
Anteil am Ganzen 8
Prozentsatz 10
Grundwert 12
Zinsrechnung 14

2 Wahrscheinlichkeitsrechnung
Zufallsexperimente 16
Wahrscheinlichkeit 18
Laplace-Experiment 20
Summenregel 22
Baumdiagramme 24

3 Terme und Gleichungen
Terme 26
Termumformungen 28
Gleichungen 30
Ungleichungen 32

4 Funktionen
Zuordnungen 34
Proportionale Zuordnungen 36
Antiproportionale Zuordnungen 38
Funktionen: Allgemeines 40
Proportionale Funktionen 42
Lineare Funktionen 44
Spezialfälle von Geraden 46

Inhalt

5 Lineare Gleichungen

Allgemeines	48
Gleichungen mit 2 Variablen	50
Lineare Gleichungssysteme	52
Gleichsetzungsverfahren	54
Einsetzungsverfahren	56
Additionsverfahren	58

6 Reelle Zahlen

Reelle Zahlen	60
Quadratwurzeln	62
Rechenregeln	64

7 Potenzfunktionen

Normalparabel	66
Verschieben der Normalparabel	68
Strecken und Spiegeln	70
Quadratische Funktion	72
Scheitel- und Normalform	74
Optimierungsprobleme	76
Potenzfunktion	78
Quadratwurzelfunktion	80

8 Quadratische Gleichungen

Allgemeines	82
Lösungsverfahren	84
Binomische Formeln	86

Inhalt

Gleichung $x^2 = r$	88
Gleichung $(x-d)^2 = r$	90
Ergänzung	92
Erste Lösungsformel	94
Zweite Lösungsformel	96

9 Grundkonstruktionen

Winkel an Geraden	98
Winkelsummen	100
Besondere Dreiecke	102
Zusammenhänge im Dreieck	104
Abstände	106
Mittelsenkrechte	108
Senkrechte zu einer Geraden	110
Winkelhalbierende	112
Um- und Inkreis	114
Satz des Thales	116

10 Kongruenz

Kongruente Figuren	118
Kongruente Dreiecke	120
Schnittfiguren	122
Register	124

1 Prozent- und Zinsrechnung — Prozentrechnung

Prozente

Bei Rabattaktionen findest du manchmal die Angabe:

„Heute zusätzlich 20 % Rabatt auf alle Kleidungsstücke".

Anteile kann man z. B. als Bruchteil oder in Prozent angeben:

$\frac{1}{4}$ bedeutet z. B. $\frac{1}{4}$ eines ganzen Kuchens oder in Prozent 25 % eines ganzen Kuchens.

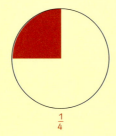

$\frac{1}{4}$

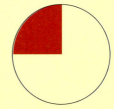

25 % eines Ganzen

Für 25 % schreibt man auch $\frac{25}{100} = \frac{1}{4}$.

Allgemein gilt: $p\% = \frac{p}{100}$

Tipp

Kann man bei einem Bruch den Nenner nicht auf 100 erweitern, so dividiert man den Zähler durch den Nenner und erhält so die Prozentangabe.

Prozent- und Zinsrechnung

Prozentrechnung

Beispiel

1. Brüche in Prozentschreibweise umrechnen

Gib die folgenden Brüche in Prozent an:

a) $\frac{3}{5} = \frac{60}{100} = 60\,\%$

b) $\frac{17}{80} = 17 : 80 = 0{,}2125 = \frac{21{,}25}{100} = 21{,}25\,\%$

c) $\frac{1}{6} = 1 : 6 = 0{,}1666666\ldots = 0{,}167 = \frac{16{,}7}{100} = 16{,}7\,\%$

2. Prozente in Brüche umwandeln

Wandle die Prozentangaben in Brüche um und kürze diese vollständig:

a) $15\,\% = \frac{15}{100} = \frac{3}{20}$

b) $3{,}6\,\% = \frac{3{,}6}{100} = \frac{36}{1000} = \frac{9}{250}$

c) $27\,\% = \frac{27}{100}$

3. Prozente vergleichen

Welche Zahl ist größer: $30\,\%$ oder $\frac{2}{5}$?

$30\,\% = \frac{30}{100} = \frac{3}{10}$ $\qquad$ $\frac{2}{5} = \frac{4}{10}$

Antwort: $\frac{2}{5}$ ist größer als $30\,\%$.

Wissen kurz gefasst ✓

Anteile an einem Ganzen kann man in Prozent angeben. Dabei bedeutet:

$$p\,\% = \frac{p}{100}$$

1 Prozent- und Zinsrechnung — Anteil am Ganzen

AB 65

Anteil am Ganzen
Du kannst Brüche in Prozentangaben umwandeln und umgekehrt.
Um weitere Fragestellungen in der Prozentrechnung bearbeiten zu können, hat man günstigere Bezeichnungen eingeführt.

Grundbegriffe der Prozentrechnung

Wie in der Bruchrechnung werden auch in der Prozentrechnung Anteile an einem Ganzen berechnet. Deswegen kannst du die Begriffe der Bruchrechnung auf die Prozentrechnung übertragen:

Bruchrechnung: $\frac{3}{4}$ von 100 g sind 75 g
                  ↑   ↑   ↑
               Anteil   Ganzes   Anteil am Ganzen

Prozentrechnung: 75 % von 100 g sind 75 g
                   ↑   ↑   ↑
              Prozentsatz Grundwert Prozentwert
                  p %   G   W

Berechnung des Prozentwertes

Wie viel sind 30 % von 270?

$W = 30\% \cdot 270 = \frac{30}{100} \cdot 270 = 81$

Allgemein:

Wie viel sind p % von G?

$W = p\% \cdot G = \frac{p}{100} \cdot G = \frac{p \cdot G}{100}$

Prozent- und Zinsrechnung

Anteil am Ganzen

Du kannst den Prozentwert auch mithilfe des Dreisatzes berechnen.

Beispiel

1. Einsetzen in die Formel

Wie viel sind 20 % von 780 €?

$p\% = 20\%;\quad G = 780\,€$

$W = \dfrac{p \cdot G}{100} = \dfrac{20 \cdot 780\,€}{100} = 156\,€$

2. Dreisatz

Wie viel sind 30 % von 690 g?

	100 %	690 g	
:100	1 %	6,9 g	:100
· 30	30 %	207 g	· 30

Wissen kurz gefasst ✓

In der Prozentrechnung gibt es folgende Grundbegriffe:
Prozentsatz: p %; Prozentwert: W; Grundwert G

Den Prozentwert berechnet man, indem man den Prozentsatz mit dem Grundwert multipliziert.

$$W = p\% \cdot G = \dfrac{p}{100} \cdot G = \dfrac{p \cdot G}{100}$$

1 Prozent- und Zinsrechnung — Prozentsatz

AB 66

Prozentsatz

Im Jahr 2005 betrug die Einwohnerzahl von Stuttgart 592 028. Davon waren 290 853 Männer und 301 175 Frauen. In München betrug die Einwohnerzahl im gleichen Jahr 1 288 307. Davon waren 52 % weiblich und 48 % männlich.

Wie viel Prozent der Einwohner in Stuttgart waren männlich?

Berechnung des Prozentsatzes

Wie viel Prozent sind 40 von 200?

$p = \frac{40}{200} \cdot 100 = 20$ bzw. $p\% = \frac{40}{200} \cdot 100\% = 20\%$

Allgemein:

Wie viel Prozent sind W von G?

$p = \frac{W}{G} \cdot 100$ bzw. $p\% = \frac{W}{G} \cdot 100\%$

Auch hier kannst du selbstverständlich den Dreisatz verwenden.

Prozent- und Zinsrechnung

Prozentsatz

Beispiel

1. Einsetzen in die Formel

Wie viel Prozent sind 56 von 287?

W = 56; G = 287

$p\% = \frac{W}{G} \cdot 100\% = \frac{56}{287} \cdot 100\% = 19,5\%$

2. Dreisatz

Wie viel Prozent sind 88 von 445?

	445	100 %	
: 445	1	$\frac{100}{445}\%$	: 445
· 88	88	$88 \cdot \frac{100}{445}\% = 19,8\%$	· 88

Wissen kurz gefasst ✓

Den Prozentsatz berechnet man, indem man den Prozentwert durch den Grundwert dividiert und das Ergebnis mit 100 % multipliziert.

$$p\% = \frac{W}{G} \cdot 100\%$$

1 Prozent- und Zinsrechnung — Grundwert

Grundwert

AB 67

> Zu unserem
> 50-jährigen Jubiläum
> verkaufen wir unsere
> **Computer**
> **15% unterhalb**
> des regulären Preises.
> So kostet ein
> 3 GHz Pentium 4
> heute
> *nur 699 €*

Wie hoch war der reguläre Preis?

Berechnung des Grundwertes

Wie hoch ist der Grundwert, wenn 20% vom Grundwert 48 beträgt?

$G = 48 : 20\% = 48 : \frac{20}{100} = 48 \cdot \frac{100}{20} = 240$

Allgemein:

Wie hoch ist G, wenn p% von G gleich W ist?

$G = W : p\% = W : \frac{p}{100} = W \cdot \frac{100}{p}$

Auch hier kannst du selbstverständlich den Dreisatz verwenden.

Beispiel

1. Einsetzen in die Formel

125 km sind 35% von G

$W = 125\,\text{km}; \; p\% = 35\%$

$G = W \cdot \frac{100}{p} = 125\,\text{km} \cdot \frac{100}{35} = 357\,\text{km}$

Prozent- und Zinsrechnung

Grundwert

2. Dreisatz

43 € sind 78 % von G

	78 %	43 €	
: 78	1 %	$\frac{43\,€}{78} = 0{,}5513\,€$	: 78
· 100	100 %	$\frac{43\,€}{78} \cdot 100 = 55{,}13\,€$	· 100

3. Eine Waschmaschine kostet 1299 € mit Mehrwertsteuer. Wie viel kostet die Waschmaschine ohne Mehrwertsteuer?

Hinweis: Der Grundwert ist der Preis ohne Mehrwertsteuer.

Geg.: W = 1299 €; p % = 119 %

Ges.: G

Rechnung: $G = W \cdot \frac{100}{p} = 1299\,€ \cdot \frac{100}{119} = 1091{,}60\,€$

Antwort: Ohne Mehrwertsteuer kostet die Waschmaschine 1091,60 €.

Wissen kurz gefasst ✓

Den Grundwert berechnet man, indem man den Prozentwert durch den Prozentsatz dividiert.

$$G = \frac{W}{p\%} = W \cdot \frac{100}{p}$$

1 Prozent- und Zinsrechnung — Zinsrechnung

Zinsrechnung

Grundbegriffe der Zinsrechnung

Willst du die Zinsen für einen Monat oder ein Jahr berechnen, so gehst du wie bei der Prozentrechnung vor. Es werden nur andere Begriffe verwendet:

Prozentrechnung	Zinsrechnung
Grundwert G	Guthaben oder Kapital
Prozentwert W	Zinsen
Prozentsatz p %	Zinssatz

Berechnet man das Kapital für mehrere Jahre, so werden am Ende eines Jahres die Zinsen berechnet und dem Guthaben hinzugefügt. Diese Zinsen werden im darauffolgenden Jahr auch mit verzinst, man spricht dann von **Zinseszinsen**.

Prozent- und Zinsrechnung

Zinsrechnung

Beispiel

1. **Karin hat am Anfang des Jahres auf ihrem Sparbuch ein Kapital von 500 €. Der Zinssatz beträgt 3,5 %.**

   a) Wie viele Zinsen erhält sie am Jahresende?
   b) Wie viele in einem Monat?

   Geg.: G = 500 €; p % = 3,5 %

   a) Ges.: W
      Rechnung: $W = G \cdot \frac{p}{100} = 500\,€ \cdot \frac{3,5}{100} = 17,50\,€$

      Antwort: Am Jahresende erhält sie 17,50 € Zinsen.

   b) Ges.: Zinsen für einen Monat
      Rechnung: 17,50 € : 12 = 1,46 €
      Antwort: Sie erhält jeden Monat 1,46 € an Zinsen

2. **Georg legt 4000 € für 5 Jahre an. Für die ersten beiden Jahre erhält er 2 % Zinsen, für die restliche Zeit 4 %. Wie hoch ist sein Kapital nach 5 Jahren?**

   Geg.: G = 4000 €; Zinsen für Jahr 1 und 2: p % = 2 %; Zinsen für Jahr 3, 4 und 5: p % = 4 %
   Ges.: Kapital nach 5 Jahren
   Rechnung:

   Jahr 1: $W = 4000\,€ \cdot \frac{2}{100} = 80\,€$; Kapital: 4080 €

   Jahr 2: $W = 4080\,€ \cdot \frac{2}{100} = 81,60\,€$; Kapital: 4161,60 €

   Jahr 3: $W = 4161,60\,€ \cdot \frac{4}{100} = 166,46\,€$; Kapital: 4328,06 €

   Jahr 4: $W = 4328,06\,€ \cdot \frac{4}{100} = 173,12\,€$; Kapital: 4501,18 €

   Jahr 5: $W = 4501,18\,€ \cdot \frac{4}{100} = 180,05\,€$; Kapital: 4681,23 €

   Antwort: Georg hat nach 5 Jahren ein Kapital von 4681,23 €.

Wissen kurz gefasst

In der Zinsrechnung geht man genauso vor wie in der Prozentrechnung. Es werden jedoch andere Begriffe verwendet. Dem Guthaben oder Kapital entspricht der Grundwert, den Zinsen der Prozentwert und dem Zinssatz der Prozentsatz.
Werden Zinsen im nächsten Jahr mitverzinst, so spricht man von Zinseszins.

2 Wahrscheinlichkeitsrechnung — Zufall

AB 68

Zufallsexperimente

Zufallsexperimente

Das Werfen eines Würfels oder das Ziehen eines Loses sind **Zufallsexperimente**. Diese werden durch folgende Eigenschaften gekennzeichnet:
- Es gibt mehrere Ergebnisse.
- Man weiß vor dem Versuch, welche **Ergebnisse** eintreten können. Diese möglichen Ergebnisse fasst man in der **Ergebnismenge S** zusammen.
- Man weiß vor dem Versuch nicht, welches dieser Ergebnisse eintreten wird.
- Es können nie zwei Ergebnisse gleichzeitig auftreten.
- Man kann das Zufallsexperiment unter den gleichen Voraussetzungen beliebig oft wiederholen.

Eine Teilmenge der Ergebnismenge heißt **Ereignis**. Ein Ereignis kann man in Worten oder durch eine Menge beschreiben.

Hinweis: Mengen werden mit einem Großbuchstaben bezeichnet und die Ergebnisse in geschweiften Klammern dargestellt: A = {1; 2; 3}.

Beispiel

1. Georg und Martin werfen einen Würfel.

a) Wie lautet die Ergebnismenge dieses Zufallsexperiments?
b) Wie könnte ein mögliches Ergebnis aussehen?

a) S = {1; 2; 3; 4; 5; 6}
b) A = {1; 2} oder B = {4; 5; 6}

Zufall — Wahrscheinlichkeitsrechnung 2

2. Eine Münze wird geworfen. Beschreibe die Ergebnismenge.

S = {Kopf; Zahl}

3. Karin zieht aus einer Lostrommel ein Los. Beschreibe die Ergebnismenge.

S = {Hauptgewinn; Gewinn; Niete}

4. Entscheide, ob es sich hierbei um ein Zufallsexperiment handelt.

- a) Drehen eines Glücksrades
- b) Der Wecker klingelt um 6 Uhr.
- c) Werfen eines Reißnagels
- d) Ein Ball wird in die Luft geworfen und fällt auf den Boden.

- a) Zufallsexperiment: ja
   (Man kann nicht vorhersagen, welche Zahl oder welcher Buchstabe eintritt, und man kann das Experiment beliebig oft wiederholen.)
- b) Zufallsexperiment: nein
   (Ist der Wecker auf 6 Uhr eingestellt, so klingelt er auf jeden Fall.)
- c) Zufallsexperiment: ja
   (Man kann nicht vorhersagen, wie der Reißnagel fällt, und man kann ihn beliebig oft werfen.)
- d) Zufallsexperiment: nein
   (Ein Ball, der nach oben geworfen wird, fällt immer zu Boden.)

Wissen kurz gefasst ✓

Das Werfen eines Würfels ist ein Zufallsexperiment. Man kennt die möglichen Ergebnisse, kann aber nicht vorhersagen, welches dieser Ergebnisse eintreten wird. Alle Ergebnisse werden in der Ergebnismenge S zusammengefasst.
Eine Teilmenge der Ergebnismenge nennt man Ereignis.

2 Wahrscheinlichkeitsrechnung Wahrscheinlichkeit

AB 69

Wahrscheinlichkeit

Die Wahrscheinlichkeit gibt an, wie groß die Chance ist, dass ein gewünschtes Ereignis eintritt.

Angeben der Wahrscheinlichkeit
Bei manchen Zufallsexperimenten kann man die Wahrscheinlichkeit nicht sofort angeben. Man muss dazu das Experiment wiederholt durchführen. Dabei zählt man, wie oft das gewünschte Ereignis eintritt. Diese Anzahl nennt man **absolute Häufigkeit.** Dividiert man die absolute Häufigkeit durch die Gesamtanzahl der Versuche, so erhält man die **relative Häufigkeit.**
Bei einer sehr großen Anzahl von Versuchen erkennt man, dass sich die relative Häufigkeit einem stabilen Wert annähert. Dieser stabile Wert ist ein guter Schätzwert für die Wahrscheinlichkeit.

Die Wahrscheinlichkeit für das Ereignis A gibt man so an: P(A)

Tipp

Die Wahrscheinlichkeit kann nie größer als 1 sein. Die Summe der Wahrscheinlichkeiten aller möglichen Ergebnisse ist immer 1.

Wahrscheinlichkeit **Wahrscheinlichkeitsrechnung** 2

Werfen eines Reißnagels

Beispiel

10-mal werfen	1. Durchgang		2. Durchgang	
Ergebnis	Kopf	Seite	Kopf	Seite
Absolute Häufigkeit	4	6	7	3
Relative Häufigkeit	$\frac{4}{10}=0{,}4$	$\frac{6}{10}=0{,}6$	$\frac{7}{10}=0{,}7$	$\frac{3}{10}=0{,}3$

100-mal werfen	1. Durchgang		2. Durchgang	
Ergebnis	Kopf	Seite	Kopf	Seite
Absolute Häufigkeit	65	35	57	43
Relative Häufigkeit	$\frac{65}{100}=0{,}65$	$\frac{35}{100}=0{,}35$	$\frac{57}{100}=0{,}57$	$\frac{43}{100}=0{,}43$

1000-mal werfen	1. Durchgang		2. Durchgang	
Ergebnis	Kopf	Seite	Kopf	Seite
Absolute Häufigkeit	595	405	601	399
Relative Häufigkeit	$\frac{595}{1000}=0{,}595$	$\frac{405}{1000}=0{,}405$	$\frac{601}{1000}=0{,}601$	$\frac{399}{1000}=0{,}399$

Die relative Häufigkeit nähert sich mit der größeren Anzahl von Versuchen in beiden Durchgängen immer näher einem Wert an. Deshalb schätzt man die Wahrscheinlichkeit für das Eintreten von Kopf auf 0,6 = 60 % und für das Eintreten von Seite auf 0,4 = 40 %.

Wissen kurz gefasst ✓

Wahrscheinlichkeit: gibt die Chance an, mit der ein gewünschtes Ereignis eintritt.
Absolute Häufigkeit: Anzahl, wie oft das gewünschte Ereignis eintritt.
Relative Häufigkeit: Absolute Häufigkeit dividiert durch die Anzahl der durchgeführten Versuche. Bei einer sehr großen Anzahl an Versuchen stabilisiert sich dieser Wert. Dieser Wert wird Wahrscheinlichkeit genannt.

2 Wahrscheinlichkeitsrechnung — Laplace

AB 70

Laplace-Experiment

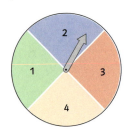
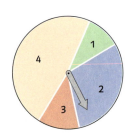

> Treten bei einem Zufallsexperiment alle Ergebnisse mit der gleichen Wahrscheinlichkeit auf, so nennt man es ein **Laplace-Experiment.**
> Hat das Laplace-Experiment n mögliche Ergebnisse, so beträgt die Wahrscheinlichkeit eines Ergebnisses: $\frac{1}{n}$
> Gibt es für ein Ereignis A mehrere Ergebnisse, so gilt:
>
> $$P(A) = \frac{\text{Anzahl der Ergebnisse, bei denen A eintritt}}{\text{Anzahl aller möglichen Ergebnisse}}$$

Beispiel

1. Würfeln mit einem Tetraeder

unten 4

Ein Tetraeder wird einmal geworfen.
a) Mit welcher Wahrscheinlichkeit tritt dabei die Zahl 2 auf?
b) Mit welcher Wahrscheinlichkeit tritt das Ereignis A „Die Augenzahl ist ungerade" ein?

a) Ergebnismenge: S = {1; 2; 3; 4}, also existieren 4 mögliche Ergebnisse und damit beträgt die Wahrscheinlichkeit für das Eintreten der Zahl 2:
$P(2) = \frac{1}{4}$

Wahrscheinlichkeitsrechnung

Laplace

b) Ergebnismenge: S = {1; 2; 3; 4}, also existieren 4 mögliche Ergebnisse. Das Ereignis A „Die Augenzahl ist ungerade" tritt bei den Augenzahlen 1 und 3 ein. Es existieren also 2 mögliche Ergebnisse für das Ereignis A = {1; 3}. Somit beträgt die Wahrscheinlichkeit:

$P(A) = \frac{2}{4} = \frac{1}{2}$

2. Ziehen aus einer Urne

In einer Urne befinden sich 10 Kugeln: 3 rote, 3 blaue, 3 grüne und 1 gelbe. Mit welcher Wahrscheinlichkeit ziehst du eine rote Kugel?

Hier gibt es zwei Möglichkeiten für eine Ergebnismenge:
S = {rot, blau, grün, gelb}. Da in diesem Fall nicht jede Farbe mit der gleichen Wahrscheinlichkeit auftritt, handelt es sich nicht um ein Laplace-Experiment. Geben wir dagegen jeder Kugel eine Nummer, so lautet die Ergebnismenge:
S = {1; 2; 3; 4; 5; 6; 7; 8; 9; 10}. Die roten Kugeln tragen die Nummern 1; 2; 3, die blauen 4; 5; 6, die grünen 7; 8; 9 und die gelbe 10. Jede Nummer tritt mit der gleichen Wahrscheinlichkeit, nämlich $\frac{1}{10}$ auf. Für das Ereignis „Ziehen einer roten Kugel" gibt es 3 Ergebnisse (Kugel 1; 2 und 3). Somit berechnet sich die Wahrscheinlichkeit wie folgt:

$P(A) = \frac{3}{10}$

Wissen kurz gefasst ✓

Bei einem Laplace-Experiment treten alle Ergebnisse mit der gleichen Wahrscheinlichkeit auf. Bei n möglichen Ergebnissen ist die Wahrscheinlichkeit 1/n. Hat ein Ereignis A mehrere Ergebnisse, so berechnet sich die Wahrscheinlichkeit mithilfe der Laplace-Formel:

$$P(A) = \frac{\text{Anzahl der Ergebnisse, bei denen A eintritt}}{\text{Anzahl aller möglichen Ergebnisse}}$$

2 Wahrscheinlichkeitsrechnung — Summenregel

AB 71

Mit der Laplace-Formel haben wir bereits Wahrscheinlichkeiten von Ereignissen berechnet, zu denen mehrere Ergebnisse gehören, z. B.: Wie groß ist die Wahrscheinlichkeit, mit einem Würfel eine „ungerade Augenzahl" zu werfen?
Ergebnismenge: S = {1; 2; 3; 4; 5; 6}; Ereignismenge: A = {1; 3; 5}
$P(A) = \frac{3}{6} = \frac{1}{2}$

Diese Formel gilt jedoch nur, wenn jedes Ergebnis die gleiche Wahrscheinlichkeit hat. Wie geht man aber vor, wenn die Ergebnisse unterschiedliche Wahrscheinlichkeiten haben?

> **Summenregel**
> Um die Wahrscheinlichkeit von Ereignissen mit mehreren Ergebnissen zu berechnen, addiert man die Wahrscheinlichkeiten der einzelnen Ergebnisse. Die Summe der Wahrscheinlichkeiten aller Ergebnisse eines Zufallsversuchs beträgt immer 1.

Tipp

Diese Regel kannst du auch anstelle der Laplace-Formel verwenden.

Beispiel

1. In einer Bonbondose befinden sich 4 rote, 5 blaue und 6 grüne Bonbons.
  a) Wie groß ist die Wahrscheinlichkeit, ein rotes Bonbon zu ziehen?
  b) Wie groß ist die Wahrscheinlichkeit, ein rotes oder ein blaues Bonbon zu ziehen?

a) $P(rot) = \frac{4}{15}$
b) $P(rot\ oder\ blau) = P(rot) + P(blau) = \frac{4}{15} + \frac{5}{15} = \frac{9}{15} = \frac{3}{5}$

Summenregel — Wahrscheinlichkeitsrechnung 2

2. Lisa hat für ihren Geburtstag ein Glücksrad gebastelt.

Jeder Gast darf einmal drehen. Zeigt der Zeiger auf die Zahl 7, so gewinnt der Gast den Hauptgewinn. Zeigt der Zeiger auf die Farbe Rot oder Grün, so erhält er eine Wundertüte.
a) Wie groß ist die Wahrscheinlichkeit für einen Hauptgewinn?
b) Wie groß ist die Wahrscheinlichkeit, eine Wundertüte zu bekommen?
c) Wie groß ist die Wahrscheinlichkeit, den Hauptgewinn oder eine Wundertüte zu gewinnen?

a) $P(\text{Hauptgewinn}) = \frac{1}{12}$

b) $P(\text{Wundertüte}) = P(\text{rot}) + P(\text{grün}) = \frac{3}{12} + \frac{3}{12} = \frac{6}{12} = \frac{1}{2}$

c) $P(\text{Gewinn}) = P(\text{Hauptgewinn}) + P(\text{Wundertüte}) = \frac{1}{12} + \frac{6}{12} = \frac{7}{12}$

Wissen kurz gefasst ✓

Um die Wahrscheinlichkeit von Ereignissen mit mehreren Ergebnissen zu berechnen, addiert man die Wahrscheinlichkeiten der einzelnen Ergebnisse. Die Summe der Wahrscheinlichkeiten aller Ergebnisse darf nicht größer als 1 sein.

2 Wahrscheinlichkeitsrechnung — Baumdiagramme

AB 72

Mehrstufige Zufallsexperimente

Wirft man einen Gegenstand mehrfach hintereinander oder mehrere Gegenstände zur gleichen Zeit, so spricht man von einem **mehrstufigen Zufallsexperiment**.
Solche mehrstufigen Zufallsexperimente kann man mithilfe eines **Baumdiagramms** veranschaulichen.

In einer Urne befinden sich 2 Kugeln (rot und grün). Es wird 2-mal gezogen. Nach jedem Zug wird die Kugel wieder zurückgelegt.

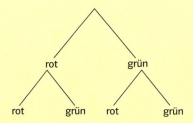

S = {rot-grün; rot-rot; grün-grün; grün-rot}

Die Wahrscheinlichkeit eines Ereignisses bei einem mehrstufigen Zufallsexperiment berechnet man mithilfe der **Pfadregel:**

Die Wahrscheinlichkeit für ein Ereignis erhält man, indem man die Wahrscheinlichkeiten längs eines Pfades multipliziert.

Baumdiagramme — Wahrscheinlichkeitsrechnung 2

Beispiel

Eine Münze wird 3-mal nacheinander geworfen.

a) Zeichne ein Baumdiagramm. Gib alle Ergebnisse und ihre Wahrscheinlichkeiten an.

b) Wie groß ist die Wahrscheinlichkeit, ohne Berücksichtigung der Reihenfolge einmal Wappen und zweimal Zahl zu werfen?

a)

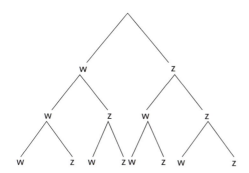

S = {WWW; WWZ; WZW; WZZ; ZWW; ZWZ; ZZW; ZZZ}

$P(WWW) = \frac{1}{2} \cdot \frac{1}{2} \cdot \frac{1}{2} = \frac{1}{8}$

$P(WWZ) = P(WZW) = P(WZZ) = P(ZWW) = P(ZWZ) = P(ZZW) = P(ZZZ) = \frac{1}{8}$

b) $P(\text{einmal W und zweimal Z}) = P(WZZ) + P(ZZW) = \frac{1}{8} + \frac{1}{8} = \frac{2}{8} = \frac{1}{4}$

Wissen kurz gefasst ✓

Besteht ein Zufallsexperiment aus mehreren Stufen, so spricht man von einem mehrstufigen Zufallsexperiment. Mithilfe eines Baumdiagramms kann man ein mehrstufiges Zufallsexperiment anschaulich darstellen. Zur Berechnung der Wahrscheinlichkeit benutzt man die Pfad- und Summenregel.

3 Terme und Gleichungen

Terme

AB 73

Terme
Aus Klasse 6 kennst du bereits Terme mit einer Variablen. Häufig kommen in Termen jedoch mehrere Variablen vor. Wie gehen wir mit solchen Termen um?

> **Terme mit mehreren Variablen:**
> Unter einem **Term** versteht man einen Rechenausdruck, der Buchstaben als Platzhalter, sog. Variablen, enthält. Setzt man für diese Variablen Zahlen ein, so erhält man als Ergebnis den Wert des Terms.
> Es gelten die gleichen Rechenregeln wie bei Termen mit einer Variablen:
>
> 1. Klammern werden zuerst berechnet.
> 2. Es gilt Potenz- vor Punkt- vor Strichrechnung.
> 3. Bei Termen ohne Klammern rechnet man von links nach rechts.
>
> Enthält der Term mehrfach die gleiche Variable, so setzt man für diese immer die gleiche Zahl ein.
> Enthält der Term verschiedene Variablen, so kann man für diese unterschiedlichen Variablen auch unterschiedliche Zahlen einsetzen.

Tipp

Zwischen den Zahlen und den Variablen dürfen die Malpunkte weggelassen werden: $5 \cdot x = 5x$

Beispiel

1. Berechne den Term:

a) $-45x + (x+y) + 36y$ für $x=1$ und $y=2$
$-45 \cdot 1 + (1+2) + 36 \cdot 2 = -45 + 3 + 72 = 30$

b) $22x + 3 \cdot x \cdot y + 3x^2$ für $x=3$ und $y=-1$
$22 \cdot 3 + 3 \cdot 3 \cdot (-1) + 3 \cdot 3^2 = 66 - 9 + 3 \cdot 9 = 66 - 9 + 27 = 84$

2. Stelle einen Term auf:

a) Addiere x zur Summe aus 7 und 8.
b) Subtrahiere y vom Produkt aus a und 6.

a) $x + (7+8) = x + 15$
b) $a \cdot 6 - y = 6a - y$

Terme und Gleichungen 3

Terme

3. Familie Müller hat für ihr Telefon einen neuen Vertrag abgeschlossen. Sie zahlt eine monatliche Grundgebühr von 19 €. In dieser Grundgebühr sind 20 Freiminuten enthalten. Für alle weiteren Gespräche zahlt Familie Müller 3 Cent die Minute.

a) Stelle einen Term für die monatlichen Kosten auf.
b) Wie hoch ist die Rechnung, wenn Familie Müller im Monat 3 h telefoniert?

a) Geg.: Grundgebühr 19 €; 20 Freiminuten; 3 Cent die Minute
Ges.: zugehöriger Term
Antwort: x sei die Variable für die Minuten
Term: $(x-20) \cdot 0{,}03 € + 19 €$ mit $x > 20$

b) Ges.: Kosten für 3 h
Rechnung: $x = 3h = 3 \cdot 60 \min = 180 \min$
$(180-20) \cdot 0{,}03 € + 19 € = 160 \cdot 0{,}03 € + 19 € =$
$4{,}80 € + 19 € = 23{,}80 €$
Antwort: Familie Müller zahlt 23,80 €.

Wissen kurz gefasst ✓

Terme sind Rechenausdrücke mit Buchstaben als Platzhaltern (Variablen). Terme können mehrere Variablen enthalten. Durch Einsetzen von Zahlen für die Variablen erhält man den Wert des Terms. Für gleiche Variablen muss man die gleiche Zahl einsetzen.

3 Terme und Gleichungen — Termumformungen

AB 74
AB 75

Terme können sehr lange Rechenausdrücke darstellen. Deshalb versucht man, die Terme zu vereinfachen. Dabei sind jedoch einige Regeln zu beachten.

Termumformungen

Setzt man in zwei Terme jeweils die gleiche Zahl für die Variable ein und erhält in beiden Fällen den gleichen Wert, so sagt man: Die beiden Terme sind **gleichwertig** oder **äquivalent**.
Einen Term formt man so um, dass der ursprüngliche Term und der umgeformte Term gleichwertig sind.

Rechenregeln:
- Gleiche Variablen können miteinander addiert oder voneinander subtrahiert werden. Dazu addiert bzw. subtrahiert man die **Koeffizienten.**
  Bsp.: 3a + 5a = 8a   5a + 4b + 2b + a = 6a + 6b
           ↑   ↑
           Koeffizient

- Variablen können multipliziert und dividiert werden. Dazu multipliziert bzw. dividiert man die Koeffizienten und die Variablen.
  Bsp.: 5a · 7b = 5 · 7 · a · b = 35ab

- **Kommutativgesetz:** a + b = b + a   bzw. a · b = b · a

- **Assoziativgesetz:** (a + b) + c = a + (b + c)   bzw. (a · b) · c = a · (b · c)

- **Distributivgesetz:** a · (b + c) = a · b + a · c   bzw. a · (b − c) = a · b − a · c

Terme und Gleichungen 3

Termumformungen

Beispiel

1. **Vereinfache folgenden Term:**

   a) $x + y \cdot 4 \cdot 3 - 6y + 6 \cdot 4 - 2x = x + 12y - 6y + 24 - 2x$ (*Vereinfachen*)
   $= x - 2x + 12y - 6y + 24$ (*Ordnen*)
   $= -x + 6y + 24$ (*Zusammenfassen*)

   b) $2 + (4a - 3) = 2 + 4a - 3 = 2 - 3 + 4a = -1 + 4a$

   c) $4 \cdot (3x + 7y) = 12x + 28y$

   d) $(4x + 15y) \cdot 3 - 4x - 10y = 12x + 45y - 4x - 10y = 12x - 4x + 45y - 10y = 8x + 35y$

2. **Zeige, dass die beiden Terme gleichwertig sind:**

   $(3 \cdot b + 5) + 10 \cdot b$ und $13 \cdot b + 5$

   $(3 \cdot b + 5) + 10 \cdot b = (3b + 5) + 10b = 3b + 5 + 10b = 3b + 10b + 5 = 13b + 5$

   $13 \cdot b + 5 = 13b + 5$

Wissen kurz gefasst ✓

Zwei Terme, die beim Einsetzen der gleichen Zahl für die gleiche Variable denselben Wert besitzen, nennt man gleichwertig oder äquivalent.
Rechenregeln:
- Gleiche Variablen dürfen miteinander addiert und voneinander subtrahiert werden.
- Variablen dürfen multipliziert und dividiert werden.
- Es gelten das Kommutativ-, Assoziativ- und Distributivgesetz.

3 Terme und Gleichungen — Gleichungen

AB 76

Lösen von Gleichungen
Bisher hast du Gleichungen durch Probieren oder Rückwärtsrechnen gelöst. Diese beiden Verfahren sind jedoch nicht bei allen Gleichungen so einfach.

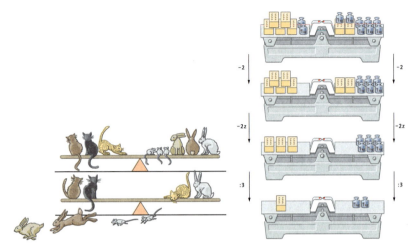

Zum Lösen von Gleichungen benutzt man sogenannte **Äquivalenzumformungen**. Das sind Umformungen, bei denen die Lösung der Gleichung erhalten bleibt und keine weiteren hinzugefügt werden. Die ursprüngliche Gleichung ist dann gleichwertig oder äquivalent zur umgeformten Gleichung.

Äquivalenzumformungen:
- Addieren bzw. Subtrahieren der gleichen Zahl oder des gleichen Terms auf beiden Seiten.
- Multiplizieren bzw. Dividieren von beiden Seiten mit dem gleichen Faktor bzw. Divisor. Diese Zahl darf jedoch nicht null betragen.

Beispiel

1. Löse die Gleichung $5 \cdot (2v - 7) = 4v - 17$ mittels Äquivalenzumformungen:

$5 \cdot (2v - 7)$	$= 4v - 17$	|vereinfachen
$10v - 35$	$= 4v - 17$	|$-4v$
$6v - 35$	$= -17$	|$+35$
$6v$	$= 18$	|$:6$
v	$= 3$	

30

Terme und Gleichungen 3

Gleichungen

Eine Probe kann dir zeigen, ob du die Gleichung richtig gelöst hast.

Probe:
Dazu setzt du dein Ergebnis, hier v = 3, in die ursprüngliche Gleichung ein:
$5 \cdot (2 \cdot 3 - 7) = 4 \cdot 3 - 17$
$\quad 5 \cdot (6 - 7) = 12 - 17$
$\quad 5 \cdot (-1) \; = -5$
$\qquad -5 \; = -5$

Da für v = 3 beide Seiten das gleiche Ergebnis liefern, ist die Gleichung richtig gelöst.

2. Zeige, dass beide Gleichungen äquivalent sind:

$2x + 3 - x = -5x$ und $x + 4 = -2 - 11x$

Um dies zu zeigen, löst man beide Gleichungen nach x auf:

$2x + 3 - x$	$= -5x$		$x + 4$	$= -2 - 11x$	$\mid + 11x$
$x + 3$	$= -5x$	$\mid -x$	$12x + 4$	$= -2$	$\mid -4$
3	$= -6x$	$\mid : (-6)$	$12x$	$= -6$	$\mid :12$
$-\frac{1}{2}$	$= x$		x	$= -\frac{1}{2}$	

Da beide Gleichung die gleiche Lösung besitzen, sind sie äquivalent.

Wissen kurz gefasst ✓

Gleichungen löst man mithilfe von Äquivalenzumformungen.
Äquivalenzumformungen sind:
- beide Seiten mit der gleichen Zahl oder dem gleichen Term addieren bzw. subtrahieren,
- beide Seiten mit der gleichen Zahl (ungleich null) multiplizieren bzw. dividieren.

3 Terme und Gleichungen — Ungleichungen

AB 77

Lösen von Ungleichungen
Ungleichungen werden bis auf eine Ausnahme mit den gleichen Äquivalenzumformungen gelöst wie Gleichungen.
Ausnahme:
Multipliziert oder dividiert man eine Ungleichung mit einer negativen Zahl, so muss man das Ungleichheitszeichen umdrehen.

Ungleichungen können mehrere Lösungen besitzen. Diese Lösungen schreibt man als Lösungsmenge. Eine Lösungsmenge kann man an einer Zahlengeraden veranschaulichen.

Beispiel

1. **Bestimme die Lösungen der Ungleichungen und veranschauliche die Lösungsmenge an einer Zahlengeraden:**

   a) $22a + 21 - 20a < -13 + 20 - 5a$
   $\quad 2a + 21 \quad\quad < 7 - 5a \quad\quad |+5a$
   $\quad 7a + 21 \quad\quad < 7 \quad\quad\quad\;\; |-21$
   $\quad 7a \quad\quad\quad\;\; < -14 \quad\quad\;\; |:7$
   $\quad a \quad\quad\quad\quad\; < -2$

   Lösungsmenge: $L = \{a \in \mathbb{Q} \,|\, a < -2\}$
   Lösungen sind alle rationalen Zahlen kleiner als -2

Ungleichungen — Terme und Gleichungen 3

b)
$$5 \cdot (2x+11) \geq 27 - 3x - 2 \cdot (1+x)$$
$$10x + 55 \geq 27 - 3x - 2 - 2x$$
$$10x + 55 \geq 25 - 5x \quad | -10x$$
$$55 \geq 25 - 15x \quad | -25$$
$$30 \geq -15x \quad | :(-15) \quad \textbf{Achtung!!!}$$
$$-2 \leq x$$

Lösungsmenge: L = {a ∈ ℚ | x ≥ −2}
Lösungen sind alle rationalen Zahlen größer oder gleich −2

Wissen kurz gefasst ✓

Ungleichungen löst man wie Gleichungen mittels Äquivalenzumformungen. Dabei ist Folgendes zu beachten: Multipliziert oder dividiert man beide Seiten der Ungleichung mit einer negativen Zahl, so dreht sich das Ungleichheitszeichen um.

4 Funktionen

Zuordnungen

Zuordnungen

Im Alltag gibt es Dinge, die miteinander in Beziehung stehen, z. B. die Klasse mit der Anzahl der Schüler. In der Mathematik beschreibt man solche Beziehungen durch eine Zuordnung.

Klasse	7a	7b	7c
Anzahl der Schüler/-innen	28	32	29

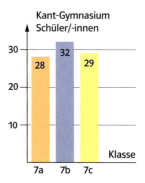

In der Mathematik nennt man die Beziehung bzw. Abhängigkeit zwischen zwei Größen **Zuordnung**. Eine Zuordnung kann in Form eines Textes, einer Tabelle, eines Diagramms oder durch Pfeile dargestellt werden.

Im Folgenden werden die **verschiedenen Möglichkeiten** dargestellt, wie man eine Zuordnung beschreiben kann. Dabei ordnet man jeder Farbe die Anzahl an Schülern mit dieser Lieblingsfarbe zu.

Text:
In einer Schulklasse mit 32 Schülern wird eine Umfrage zur Lieblingsfarbe durchgeführt. Dabei ergeben sich folgende Ergebnisse:
10 Schüler haben die Lieblingsfarbe Rot, 6 Schüler Grün, 9 Schüler Gelb, 5 Schüler Blau und 2 Schüler Schwarz.

Tabelle:

Lieblingsfarbe				
Rot	Grün	Gelb	Blau	Schwarz
10	6	9	5	2

Zuordnungen Funktionen 4

Diagramm:
Stellt man die Zuordnung als Diagramm dar, d.h. als Kreis- oder Säulendiagramm, so lassen sich wichtige Eigenschaften direkt ablesen.
So erkennt man z. B., wann zugeordnete Werte positiv oder negativ sind, wann sie ihren größten oder kleinsten Wert annehmen oder wann sie ansteigen bzw. abfallen.

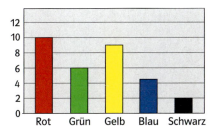 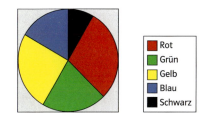

Pfeile:

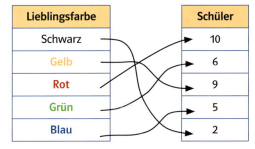

Bei manchen Zuordnungen existiert eine **Zuordnungsvorschrift,** d.h. man kann die zugeordnete Größe mithilfe einer Formel berechnen.

Wissen kurz gefasst ✓

Eine Zuordnung ist eine Beziehung bzw. Abhängigkeit zwischen zwei Größen. Man kann sie als Tabelle, Diagramm, Pfeil oder Text darstellen. Manchmal lässt sich die Zuordnung als Formel darstellen, man nennt dies eine Zuordnungsvorschrift.

4 Funktionen — Proportionale Zuordnungen

Proportionale Zuordnungen

Beim Dreisatz hast du bereits Zuordnungen kennengelernt, nämlich die proportionale Zuordnung.

- Verdoppelt (verdreifacht, vervierfacht, …) man die erste Größe, so verdoppelt (verdreifacht, vervierfacht, …) sich auch die zugeordnete Größe.
- Halbiert (drittelt, viertelt, …) man die erste Größe, so halbiert (drittelt, viertelt, …) sich auch die zugeordnete Größe.

Zur Berechnung von proportionalen Zuordnungen steht der Dreisatz zur Verfügung.

Anwenden des Dreisatzes bei proportionalen Beziehungen:

1. Trage die zusammengehörenden Größenangaben in eine Tabelle ein. Dabei sollte die gesuchte Größe in der rechten Spalte stehen.

Größe 1	Größe 2
Gegeben	Gesucht
…	…
Gegeben	Gesucht

2. Mittels Dividieren und Multiplizieren werden geeignete Zwischenwerte und das Endergebnis bestimmt.

Proportionale Zuordnungen — Funktionen 4

Beispiel

a) Martin kauft Hefte für die Schule. 5 Hefte kosten 60 Cent. Er braucht 12 Hefte. Wie viel muss er bezahlen?

Anzahl der Hefte	Preis
5	60 Cent
1	12 Cent
12	144 Cent

:5 :5
·12 ·12

Er muss 1,44 € bezahlen.

b) Familie Müller will ihre beiden Bäder fliesen. Für 9m² braucht sie 108 Fliesen. Wie viele Fliesen braucht Familie Müller für 15m²?

Quadratmeter	Fliesen
9	108
1	12
15	180

:9 :9
·15 ·15

Familie Müller braucht 180 Fliesen.

Wissen kurz gefasst ✓

Mit dem Dreisatz kann man bei proportionalen Zuordnungen mittels zweier zusammenhängender Größenangaben weitere Werte berechnen.
Anwenden des Dreisatzes:
- Gegebene und gesuchte Werte in eine Tabelle eintragen.
- Mittels Multiplikation und Division Zwischenwerte und Endergebnis berechnen.

4 Funktionen — Antiproportionale Zuordnungen

Antiproportionale Zuordnungen
Außer den proportionalen Zuordnungen gibt es auch antiproportionale Zuordnungen.

- Verdoppelt (verdreifacht, vervierfacht, …) man die erste Größe, so halbiert (drittelt, viertelt …) sich die zugeordnete Größe.
- Halbiert (drittelt, viertelt, …) man die erste Größe, so verdoppelt (verdreifacht, vervierfacht, …) sich die zugeordnete Größe.

Zur Berechnung von antiproportionalen Zuordnungen steht der Dreisatz zur Verfügung.

Anwenden des Dreisatzes bei antiproportionalen Beziehungen

1. Trage die zusammengehörenden Wertepaare in eine Tabelle ein. Dabei sollte die gesuchte Größe in der rechten Spalte stehen.

Größe 1	Größe 2
Gegeben	Gesucht
…	…
Gegeben	Gesucht

2. Mittels Dividieren und Multiplizieren werden geeignete Zwischenwerte und das Endergebnis bestimmt.

Antiproportionale Zuordnungen

Funktionen 4

a) Ein Dach soll neu gedeckt werden. 4 Dachdecker brauchen dazu 3 Tage. Wie viele Tage brauchen 6 Dachdecker?

Beispiel

Dachdecker	Tage
4	3
1	12
6	2

:4 ·4
·6 :6

Antwort: 6 Dachdecker brauchen 2 Tage, um das Dach zu decken.

b) Bauer Schmidt bestimmt für seine Kühe den Futtervorrat. Für 60 Kühe reicht das Futter 12 Wochen. Wie viele Wochen reicht es für 20 Kühe?

Kühe	Futtervorrat
60	12
1	720
20	36

:60 ·60
·20 :20

Antwort: Bei 20 Kühen reicht das Futter 36 Wochen.

Wissen kurz gefasst ✓

Mit dem Dreisatz kann man bei antiproportionalen Zuordnungen mittels zweier zusammenhängender Größenangaben weitere Werte berechnen.
Anwenden des Dreisatzes:
- Gegebene und gesuchte Werte in eine Tabelle eintragen.
- Mittels Multiplikation und Division Zwischenwerte und Endergebnis berechnen.

4 Funktionen

Funktionen: Allgemeines

AB 78

Kennzeichen von Funktionen
Beide Diagramme zeigen eine Zuordnung, aber nur eine davon ist eine Funktion.

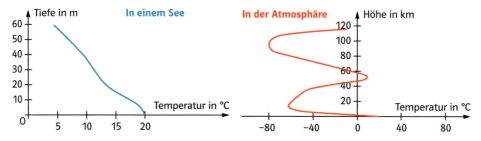

Wird bei einer Zuordnung x → y jeder Größe (Zahl) x **genau eine** Größe (Zahl) y zugeordnet, so nennt man diese Zuordnung auch **Funktion f**.
Die Menge aller Größen x nennt man **Definitionsmenge D**. Die einer Größe x zugeordnete Größe y heißt **Funktionswert**. Die Menge aller Funktionswerte nennt man **Wertemenge W**.

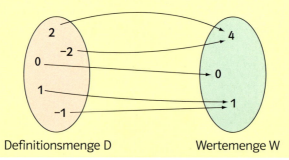

Die Darstellung einer Funktion kann auf unterschiedliche Weise erfolgen:

- Zuordnungsvorschrift oder Funktionsgleichung
  Dabei muss immer die Definitionsmenge angegeben werden.
- Wertetabelle
- Diagramm
  Die Funktion wird durch einen Graphen im Koordinatensystem dargestellt.

Funktionen: Allgemeines

Funktionen 4

Zuordnungsvorschrift: x → 2x
Funktionsgleichung: y = 2x
Definitionsmenge D: D = ℚ

Beispiel

Wertetabelle:

x	-2	-1	0	1	2	3
y	-4	-2	0	2	4	6

Graph der Funktion:

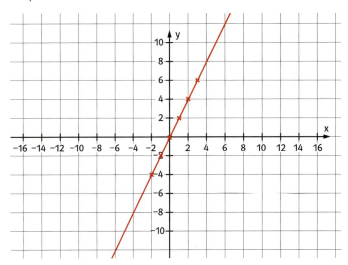

 Wissen kurz gefasst

Bei einer Funktion wird jeder Größe x aus der Definitionsmenge D genau eine Größe y aus der Wertemenge W zugeordnet.
Funktionen kann man durch eine Zuordnungsvorschrift oder Funktionsgleichung, mit einer Wertetabelle oder durch einen Graphen darstellen.

4 Funktionen — Proportionale Funktionen

AB 79
AB 80

Proportionale Funktionen

Proportionale Funktionen kennst du schon als proportionale Zuordnungen. Im Folgenden erfährst du, wie man sie als Zuordnungsvorschrift oder Funktionsgleichung darstellt.

Proportionale Funktionen haben die gleichen Eigenschaften wie proportionale Zuordnungen:

- Verdoppelt (verdreifacht, vervierfacht, …) man den x-Wert, so verdoppelt (verdreifacht, vervierfacht, …) sich auch der y-Wert.
- Halbiert (drittelt, viertelt, …) man den x-Wert, so halbiert (drittelt, viertelt, …) sich auch der y-Wert.
- Dividiert man den y-Wert durch den x-Wert (x darf nicht 0 sein), so hat der Quotient immer den gleichen Wert. Man sagt auch, die Wertepaare sind **quotientengleich**.

Funktionsgleichung

$$y = m \cdot x \quad (m \neq 0)$$

Definitionsmenge: $D = \mathbb{Q}$

m heißt **Proportionalitätskonstante** und berechnet sich, indem man den y-Wert durch den zugehörigen x-Wert dividiert ($m = \frac{y}{x}$).

Zeichnen des Graphen einer proportionalen Funktion

Der Graph einer proportionalen Funktion ist eine Gerade durch den Ursprung. Die Proportionalitätskonstante m nennt man auch die Steigung der Geraden.

a) Ist m positiv, so steigt die Gerade, z. B. m = 4, also y = 4x

Ausgangspunkt für deine Gerade ist der Ursprung. Von dort läufst du einen Schritt nach rechts und m Schritte nach oben.

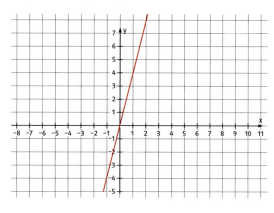

Proportionale Funktionen Funktionen 4

b) Ist m negativ, so fällt die Gerade, z. B. m = –2, also y = –2x

Auch hier ist der Ausgangspunkt der Ursprung.
Nun läufst du einen Schritt nach rechts und m Schritte nach unten.

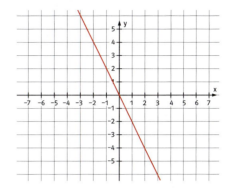

Zeichne folgende Graphen in ein Koordinatensystem:

a) $y = 5x$
b) $y = -3x$
c) $y = \frac{1}{4}x$
d) $y = -2{,}5x$

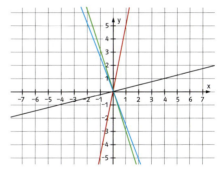

Beispiel

Wissen kurz gefasst ✓

Proportionale Funktionen haben die gleichen Eigenschaften wie proportionale Zuordnungen.
Die Funktionsgleichung lautet y = m · x, wobei m die Steigung der Geraden ist.
Sie gibt an, ob die Gerade steigt (m > 0) oder fällt (m < 0).

4 Funktionen

Lineare Funktionen

AB 81

Lineare Funktionen

Bisher ist die Gerade immer durch den Ursprung gegangen. Ist das immer so?

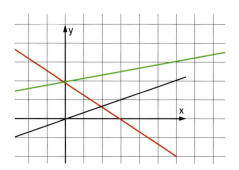

Addiert man bei einer proportionalen Funktion zu jedem Funktionswert die gleiche Zahl c, so wird die Gerade parallel zur Geraden durch den Ursprung nach oben oder unten verschoben. Man erhält dann eine **lineare Funktion.**

Funktionsgleichung:

$$y = m \cdot x + c$$

m ist die Steigung.
c heißt y-Achsenabschnitt, da die Gerade die y-Achse im Punkt P(0/c) schneidet.
Definitionsmenge: $D = \mathbb{Q}$

Zeichnen des Graphen einer linearen Funktion:

a) Steigende Gerade: $y = 3x + 2$

Wir starten am Punkt P(0/2), der durch den y-Achsenabschnitt gegeben ist.
Von dort gehen wir einen Schritt nach rechts und m Schritte nach oben.

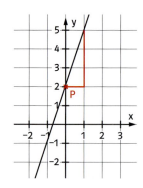

Lineare Funktionen — Funktionen 4

b) Fallende Gerade: $y = -3x + 4$

Wir starten am Punkt P(0/4), der durch den y-Achsenabschnitt gegeben ist. Von dort ein Schritt nach rechts und m Schritte nach unten.

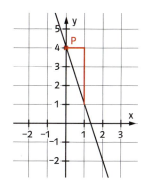

Bei einer proportionalen Funktion geht die Gerade immer durch den Ursprung. Bei einer linearen Funktion kann die Gerade durch den Ursprung laufen, muss es aber nicht. Also ist die proportionale Funktion ein Spezialfall der linearen Funktionen.

Wissen kurz gefasst ✓

Funktionsgleichung einer linearen Funktion:

$y = m \cdot x + c$

m ist die Steigung.
c heißt y-Achsenabschnitt, da die Gerade die y-Achse im Punkt P(0/c) schneidet.
Definitionsmenge: $D = \mathbb{Q}$

4 Funktionen — Spezialfälle von Geraden

Spezialfälle von Geraden
Wie lauten die Gleichungen von Geraden, die parallel zur x- oder y-Achse verlaufen?

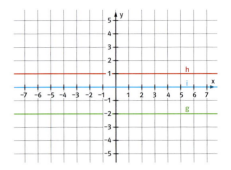

> Geraden, welche die x- bzw. y-Achse beschreiben oder parallel zu einer der beiden Achsen sind, haben besondere Gleichungen:

Gleichung der Geraden,

- welche die x-Achse beschreibt: $y = 0$

  Jedem x-Wert wird der Funktionswert 0 zugeordnet.

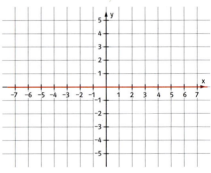

- welche die y-Achse beschreibt: $x = 0$

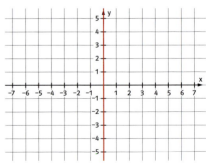

Spezialfälle von Geraden — Funktionen 4

- welche eine Gerade parallel zur x-Achse beschreibt: y = n (n ∈ ℚ)

  Jedem x-Wert wird der gleiche Funktionswert n zugeordnet.

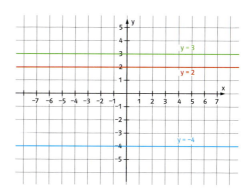

- welche eine Gerade parallel zur y-Achse beschreibt: x = n (n ∈ ℚ)

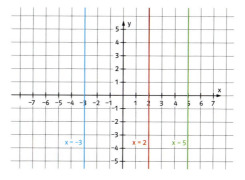

Wissen kurz gefasst ✓

Eine Gerade mit der Gleichung:
y = 0   beschreibt die x-Achse.
x = 0   beschreibt die y-Achse.
y = n (n ∈ ℚ) ist parallel zur x-Achse.
x = n (n ∈ ℚ) ist parallel zur y-Achse.

5 Lineare Gleichungen — Allgemeines

Lineare Gleichungen

AB 82

Gleichungen kann man nicht nur rechnerisch wie in Kapitel 3 lösen, sondern auch mithilfe des Graphen einer linearen Funktion.

Eine Gleichung der Form $a \cdot x + b = 0$ oder $a \cdot x = c$ ($a \neq 0$) heißt **lineare Gleichung**. Eine lineare Gleichung kann man rechnerisch mittels Äquivalenzumformungen oder zeichnerisch mittels des Graphen einer linearen Funktion lösen.

Lösen einer linearen Gleichung: $3x - 4 = 2$

a) rechnerisch:

$$\begin{aligned} 3x - 4 &= 2 \quad |+4 \\ 3x &= 6 \quad |:3 \\ x &= 2 \end{aligned}$$

b) zeichnerisch:

1. Schritt: Bringe die Gleichung auf die Form $a \cdot x + b = 0$.
   $$\begin{aligned} 3x - 4 &= 2 \quad |-2 \\ 3x - 6 &= 0 \end{aligned}$$

2. Schritt: Zeichne die lineare Funktion $y = a \cdot x + b$ in ein Koordinatensystem:

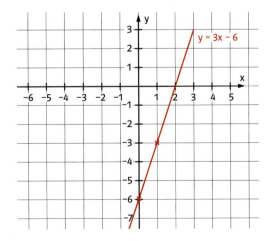

Allgemeines — Lineare Gleichungen 5

3. Schritt: Bestimme die Stelle x, an der die Gerade die x-Achse schneidet.

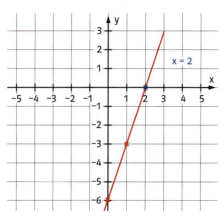

Wissen kurz gefasst ✓

Gleichungen der Form $a \cdot x + b = 0$ oder $a \cdot x = c$ ($a \neq 0$) heißen lineare Gleichungen. Man kann sie mittels Äquivalenzumformungen oder mittels des Graphen einer linearen Funktion lösen.

5 Lineare Gleichungen — Gleichungen mit 2 Variablen

Lineare Gleichungen mit 2 Variablen
Bei der Heirat war einer der beiden Eheleute 3/4-mal so alt wie der andere. Jetzt, nach 21 Jahren, ist die Altersdifferenz 1/4 des Älteren zur Zeit der Heirat. Die Ehefrau ist jetzt 49. Wie alt ist der Ehemann?

> Eine Gleichung der Form $a \cdot x + b \cdot y = c$ heißt **lineare Gleichung mit 2 Variablen**.
>
> Eigenschaften:
> - Die Lösung ist nicht eine einzelne Zahl, sondern ein Zahlenpaar.
> - Es gibt unendlich viele Zahlenpaare als Lösung.
> - Alle Zahlenpaare der Lösung ergeben eine Gerade.

Lösungen einer linearen Gleichung mit 2 Variablen: $5x - 7y = 35$

1. Schritt: Bringe die Gleichung durch Äquivalenzumformungen auf die Form:
   $y = a \cdot x + b$
   Auf dieser Geraden liegen alle Lösungspaare der linearen Gleichung.

   $$5x - 7y = 35 \quad |-5x$$
   $$-7y = -5x + 35 \quad |:(-7)$$
   $$y = \tfrac{5}{7}x - 5$$

2. Schritt: Setze für x eine beliebige Zahl ein und berechne den zugehörigen y-Wert. Dieses Zahlenpaar ist dann ein mögliches Lösungspaar.

   $$y = \tfrac{5}{7}x - 5$$

Lineare Gleichungen

Gleichungen mit 2 Variablen

Setzt man für x z. B. 7 ein, so lautet ein mögliches Zahlenpaar der Lösung:
(7; 0); denn $y = \frac{5}{7} \cdot 7 - 5 = 0$

Setzt man für x = 9 ein, so gilt: $y = \frac{5}{7} \cdot 9 - 5 = \frac{45}{7} - \frac{35}{7} = \frac{10}{7}$

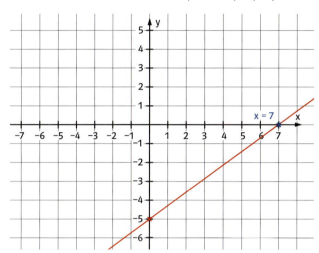

Auf dieser Geraden liegen alle Lösungspaare z. B. (7; 0).

Wissen kurz gefasst ✓

Gleichungen der Form $a \cdot x + b \cdot y = c$ heißen lineare Gleichungen mit zwei Variablen.
Die Lösungsmenge besteht aus unendlich vielen Zahlenpaaren.
Alle Zahlenpaare liegen auf einer Geraden.

5 Lineare Gleichungen — Lineare Gleichungssysteme

AB 83

Lineare Gleichungssysteme
Du kannst mittlerweile lineare Gleichungen mit einer und zwei Variablen lösen, wie verhält es sich jedoch bei 2 linearen Gleichungen mit zwei Variablen?

Zwei lineare Gleichungen mit den selben Variablen bilden ein **lineares Gleichungssystem**.

Zeichnerisches Verfahren zum Lösen eines linearen Gleichungssystems

1. Schritt: Stelle beide linearen Gleichungen in der Form $y = a \cdot x + b$ dar.

I. $5y - x = 5$
II. $4y - x - 2 = 0$

I. $y = \frac{1}{5}x + 1$
II. $y = \frac{1}{4}x + \frac{1}{2}$

2. Schritt: Zeichne beide Geraden in das Koordinatensystem ein.

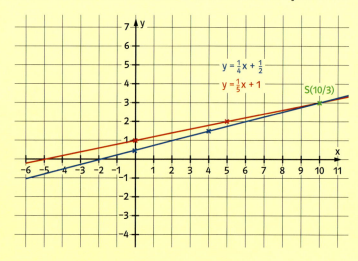

3. Schritt: Der Schnittpunkt der beiden Geraden ist das gesuchte Zahlenpaar.
   Lösung: (10; 3)

Lineare Gleichungssysteme — Lineare Gleichungen 5

4. Schritt: Führe eine Probe durch, indem du das Zahlenpaar in beide Gleichungen einsetzt.

Probe: Einsetzen von $x = 10$ und $y = 3$ in Gleichung I. $5y - x = 5$:
$$5 \cdot 3 - 10 = 5$$
$$15 - 10 = 5$$
$$5 = 5$$

Einsetzen von $x = 10$ und $y = 3$ in Gleichung II. $4y - x - 2 = 0$
$$4 \cdot 3 - 10 - 2 = 0$$
$$12 - 10 - 2 = 0$$
$$0 = 0$$

In beiden Fällen ist die Probe erfüllt, damit ist (10; 3) die Lösung des linearen Gleichungssystems.

Hinweis: Schneiden sich die beiden Geraden nicht, d.h. sind sie parallel, so hat das lineare Gleichungssystem keine Lösung.
Sind die beiden Geraden identisch, so hat das lineare Gleichungssystem unendlich viele Lösungen.

Wissen kurz gefasst ✓

Ein lineares Gleichungssystem besteht aus zwei linearen Gleichungen mit meist einem Zahlenpaar als Lösung.
Graphisches Lösungsverfahren: Zeichne die zugehörigen linearen Funktionen in ein Koordinatensystem. Der Schnittpunkt der beiden Graphen ist die gesuchte Lösung. Ein lineares Gleichungssystem kann auch keine Lösung oder unendlich viele Lösungen besitzen.

5 Lineare Gleichungen — Gleichsetzungsverfahren

AB 84

Gleichsetzungsverfahren
Oft lassen sich die Lösungen von linearen Gleichungssystemen beim zeichnerischen Verfahren nicht exakt bestimmen.

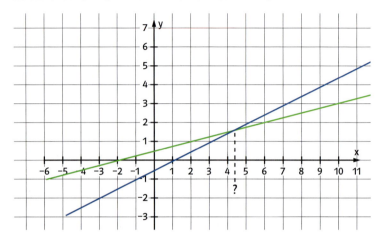

Um eine exakte Lösung zu bekommen, benutzt man rechnerische Methoden. Es gibt drei Verfahren, mit denen man lineare Gleichungssysteme lösen kann: das Gleichsetzungs-, Einsetzungs- und Additionsverfahren.

> Beim **Gleichsetzungsverfahren** löst man beide Gleichungen nach der gleichen Variablen auf und setzt die rechten Seiten dann gleich. Die so bestimmte Variable setzt man dann in eine der beiden ursprünglichen Gleichungen ein und bestimmt die zweite Variable.

Beispiel

a) I. $x + 3y = 7$
   II. $x = -4y + 7$

1. Schritt: Löse beide Gleichungen nach x auf.
   I. $x = -3y + 7$
   II. $x = -4y + 7$

2. Schritt: Setze die beiden rechten Seiten gleich und löse sie nach y auf.
   $-3y + 7 = -4y + 7 \qquad |+4y - 7$
   $y = 0$

54

Gleichsetzungsverfahren — Lineare Gleichungen 5

3. Schritt: Setze y = 0 in Gleichung I ein und löse nach x auf.
$$x + 3 \cdot 0 = 7$$
$$x = 7$$

Lösungspaar: (7; 0)

b) I. $x - y = 6$
   II. $\frac{2}{3}x - y = 1$

1. Schritt: Löse beide Gleichungen nach y auf.
   I. $y = x - 6$
   II. $y = \frac{2}{3}x - 1$

2. Schritt: Setze die beiden rechten Seiten gleich und löse sie nach x auf.
$$x - 6 = \frac{2}{3}x - 1 \quad\quad |-\frac{2}{3}x + 6$$
$$\frac{1}{3}x = 5 \quad\quad |:\frac{1}{3}$$
$$x = 15$$

3. Schritt: Setze x = 15 in Gleichung I ein und löse nach y auf.
$$15 - y = 6$$
$$y = 9$$

Lösungspaar: (15; 9)

Wissen kurz gefasst

Beim Gleichsetzungsverfahren löst man die rechten Seiten nach der gleichen Variablen auf und setzt sie anschließend gleich.
Die zweite Variable bestimmt man, indem man die zuerst berechnete Variable in eine der Ursprungsgleichungen einsetzt.
Das Gleichungssystem kann auch keine oder unendlich viele Lösungen besitzen.

5 Lineare Gleichungen — Einsetzungsverfahren

Einsetzungsverfahren
Ein weiteres Verfahren, mit dem du die Lösung eines linearen Gleichungssystems bestimmen kannst, ist das Einsetzungsverfahren.

Dazu löst du eine der beiden Gleichungen nach einer der beiden Variablen auf. Dann setzt du den so erhaltenen Term in die andere Gleichung ein und erhältst eine Gleichung mit einer Variablen. Diese Gleichung löst du nun nach der Variablen auf.
Die so bestimmte Variable setzt du dann in eine der beiden ursprünglichen Gleichungen ein und bestimmst die zweite Variable.

Beispiel

a) I. $y - 3x = 8$
II. $x + y = 12$

1. Schritt: Löse Gleichung I nach y auf.
I. $y = 3x + 8$
II. $x + y = 12$

2. Schritt: Setze $y = 3x + 8$ in Gleichung II ein und löse sie nun nach x auf.
$x + y = 12$
$x + 3x + 8 = 12$
$4x + 8 = 12$
$x = 1$

3. Schritt: Setze $x = 1$ in Gleichung II ein und löse nach y auf.
$1 + y = 12$
$y = 11$

Lösungspaar: $(1;\ 11)$

Einsetzungsverfahren — Lineare Gleichungen 5

b) I. $7x + 5y = 3$
   II. $7x + 5y = 5$

1. Schritt: Löse Gleichung I nach x auf.
   I. $x = -\frac{5}{7}y + \frac{3}{7}$
   II. $7x + 5y = 5$

2. Schritt: Setze $x = -\frac{5}{7}y + \frac{3}{7}$ in Gleichung II ein und löse sie auf.
   $7 \cdot (-\frac{5}{7}y + \frac{3}{7}) + 5y = 5$
   $-5y + 3 + 5y = 5$
   $3 = 5$

Da es sich bei der letzten Gleichung um eine falsche Aussage handelt ($3 \neq 5$), besitzt das lineare Gleichungssystem keine Lösung.

Wissen kurz gefasst ✓

Beim Einsetzungsverfahren löst man eine der beiden Gleichungen nach einer Variablen auf und setzt den Term in die andere Gleichung ein. Dies führt zu einer Gleichung mit einer Variablen. Die so entstandene Gleichung löst man nach dieser Variablen auf.
Die zweite Variable bestimmt man, indem man die berechnete Variable in eine der Ursprungsgleichungen einsetzt.

5 Lineare Gleichungen — Additionsverfahren

AB 85

Additionsverfahren

Das letzte Verfahren, mit dem du die Lösung eines linearen Gleichungssystems bestimmen kannst, ist das Additionsverfahren.

> Dazu musst du manchmal eine oder beide Gleichungen mit einer Zahl multiplizieren oder dividieren, sodass bei der Addition der beiden Gleichungen eine der beiden Variablen wegfällt.
> Es entsteht eine neue Gleichung mit nur einer Variablen. Löse die erhaltene Gleichung nach dieser Variablen auf.
> Die so bestimmte Variable setzt du dann in eine der beiden ursprünglichen Gleichungen ein und bestimmst die zweite Variable.

Tipp

Bei allen drei Verfahren ist es sinnvoll, am Ende eine Probe zu machen.

Beispiel

a) I. $2x + 3y = 4$
   II. $-2x + 9y = 20$

   1. Schritt: Multipliziere Gleichung I mit -3, damit bei der Addition die y-Variable wegfällt.
      I. $-6x - 9y = -12$
      II. $-2x + 9y = 20$

   2 Schritt: Addiere die beiden Gleichungen.
      I. $-6x - 9y = -12$
      II. $-2x + 9y = 20$
      _____
      $-8x = 8$, also $x = -1$

   3. Schritt: Setze $x = -1$ in Gleichung I ein und löse nach y auf.
      $2 \cdot (-1) + 3y = 4$
      $y = 2$

      Lösungspaar: $(-1;\ 2)$

Additionsverfahren — Lineare Gleichungen 5

b) I. $6x + 7y = 23$
   II. $5x + 7y = 18$

   1. Schritt: Multipliziere Gleichung II mit -1.
      I. $6x + 7y = 23$
      II. $-5x - 7y = -18$

   2. Schritt: Addiere die beiden Gleichungen.
      I. $6x + 7y = 23$
      II. $-5x - 7y = -18$

      $x = 5$

   3. Schritt: Setze $x = 5$ in Gleichung I ein und löse nach y auf.
      $6 \cdot 5 + 7y = 23$
      $y = -1$

      Lösungspaar: $(5;\ -1)$

Wissen kurz gefasst ✓

Beim Additionsverfahren multipliziert oder dividiert man eine der beiden Gleichungen mit einer Zahl (ungleich 0), sodass bei Addition der Gleichungen eine der beiden Variablen wegfällt.
Danach löst man die neue Gleichung nach ihrer Variablen auf. Den Wert der Variablen setzt man in eine der beiden ursprünglichen Gleichungen ein und löst nach der anderen Variablen auf.

6 Reelle Zahlen

Reelle Zahlen

Wissenschaftler entdeckt neue Zahlen!
29. Feb. 421 v. Chr.
Der Mathematiker Hippasos hat neue Zahlen entdeckt. Sie lassen sich weder als Bruch schreiben noch mit Ziffern genau angeben. Die Fachwelt staunt.

Rationale Zahlen kann man als Bruch und als abbrechende oder periodische Dezimalzahl darstellen. Dezimalzahlen, die weder abbrechen noch periodisch sind, nennt man **irrationale Zahlen.** Irrationale Zahlen kann man nicht als Bruch darstellen. Sie haben unendlich viele Nachkommastellen.
Die rationalen Zahlen zusammen mit den irrationalen Zahlen bilden die Menge der **reellen Zahlen** $\mathbb{R}$.

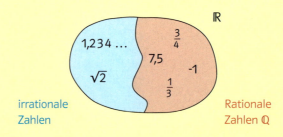

Darstellung reeller Zahlen auf der Zahlengeraden
Jede reelle Zahl kann als Punkt auf der Zahlengeraden dargestellt werden. Zwischen zwei reellen Zahlen auf der Zahlengeraden liegen unendlich viele reelle Zahlen.

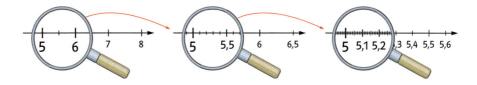

Reelle Zahlen — Reelle Zahlen 6

a) abbrechende Dezimalzahl: $\frac{5}{8} = 5:8 = 0{,}625$

$\frac{9}{4} = 9:4 = 2{,}25$

b) periodische Dezimalzahl: $\frac{2}{3} = 2:3 = 0{,}6666666\ldots = 0{,}\overline{6}$

$\frac{7}{6} = 7:6 = 1{,}1666666\ldots = 1{,}1\overline{6}$

c) reelle Zahl: 0,123267732 …

5,235157428 …

Zahlenbereiche

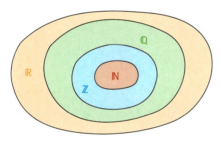

ℝ: reelle Zahlen
ℚ: rationale Zahlen
ℤ: ganze Zahlen
ℕ: natürliche Zahlen

Wissen kurz gefasst ✓

Die rationalen Zahlen bilden zusammen mit den irrationalen Zahlen die reellen Zahlen.
Rationale Zahlen sind: Bruchzahl, abbrechende Dezimalzahl, periodische Dezimalzahl.
Irrationale Zahlen sind: Dezimalzahl, die weder abbrechend noch periodisch ist; nicht als Bruch darstellbare Zahl; eine Dezimalzahl mit unendlich vielen Nachkommastellen.

6 Reelle Zahlen — Quadratwurzeln

AB 86

Quadratwurzeln

Unter der **Quadratwurzel von a** versteht man eine nicht negative Zahl, die quadriert a ergibt.

Schreibweise: $\sqrt{a}$ Sprich: Wurzel aus a

Wurzelzeichen

Radikant

Das Bestimmen der Quadratwurzel nennt man auch **Wurzelziehen** oder **Radizieren**.

Beispiel

Es gilt: $\sqrt{64} = \sqrt{8^2} = 8$

Quadrieren →

1	1
1,5	2,25
2	4
3	9

← Wurzelziehen

62

Quadratwurzeln — Reelle Zahlen 6

Hinweise:
- Die Quadratwurzel ist nie negativ, d.h. $\sqrt{16} = +4$, obwohl $(-4) \cdot (-4) = +16$ ist.
- Da das Produkt zweier negativer Zahlen wieder positiv ist, kann man die Quadratwurzel nicht aus einer negativen Zahl ziehen. Es geht **nicht**: $\sqrt{-16}$
- Es gilt: $\sqrt{0} = 0$

Berechne:

a) $\sqrt{225} = \sqrt{15^2} = 15$

b) $\sqrt{0{,}16} = \sqrt{0{,}4^2} = 0{,}4$

c) $\sqrt{\frac{64}{49}} = \sqrt{\frac{8^2}{7^2}} = \frac{8}{7}$

d) $(\sqrt{1{,}75})^2 = \sqrt{1{,}75} \cdot \sqrt{1{,}75} = 1{,}75$

e) $(-\sqrt{5})^2 = -\sqrt{5} \cdot (-\sqrt{5}) = +5$

f) $\sqrt{-9}$ ist nicht definiert

Beispiel

Wissen kurz gefasst ✓

Unter der **Quadratwurzel von a** versteht man eine nicht negative Zahl, die quadriert a ergibt.

$$\sqrt{4} = \sqrt{2^2} = 2$$

6 Reelle Zahlen — Rechenregeln

AB 87

Rechenregeln

Rechenausdrücke mit Wurzeln kann man oft vereinfachen. Dies ist besonders leicht beim Multiplizieren und Dividieren von Wurzeln.

Komplexere Terme kann man darüber hinaus so umformen wie Terme mit einer Variablen.

Neu und doch zum Teil bekannt:

$3 \cdot 4 = 12$ $\qquad \sqrt{9} \cdot \sqrt{16} = ?$

$16 : 4 = 4$ $\qquad \sqrt{256} : \sqrt{16} = ?$

$3 + 4 = 7$ $\qquad \sqrt{9} + \sqrt{16} = ?$

$3 \cdot x - 17 + 5 \cdot x = 8 \cdot x - 17$

$3 \cdot \sqrt{2} - 17 + 5 \cdot \sqrt{2} = ?$

Rechenregeln für Terme mit Quadratwurzeln

1. Produkte von Wurzeln:
   $\sqrt{2} \cdot \sqrt{72} = \sqrt{144} = 12$

2. Quotienten von Wurzeln:
   $\dfrac{\sqrt{48}}{\sqrt{3}} = \sqrt{\dfrac{48}{3}} = \sqrt{16} = 4$

3. Teilweise Wurzelziehen:
   $\sqrt{867} = \sqrt{289 \cdot 3} = \sqrt{289} \cdot \sqrt{3} = 17 \cdot \sqrt{3}$

4. Ausmultiplizieren:
   $\sqrt{5} \cdot (\sqrt{20} + \sqrt{45}) = \sqrt{5} \cdot \sqrt{20} + \sqrt{5} \cdot \sqrt{45} = \sqrt{100} + \sqrt{225} = 10 + 25 = 35$

5. Ausklammern:
   $13 \cdot \sqrt{7} - 3 \cdot \sqrt{7} = (13 - 3) \cdot \sqrt{7} = 10 \cdot \sqrt{7}$

Tipp

Folgende Regeln gibt es **nicht**:

$\sqrt{3} + \sqrt{4} \neq \sqrt{3+4}$

$\sqrt{15} - \sqrt{7} \neq \sqrt{15-7}$

Rechenregeln

Reelle Zahlen 6

Beispiel

Fasse die Terme zusammen.

a) $\sqrt{3} \cdot \sqrt{27} = \sqrt{3 \cdot 27} = \sqrt{81} = 9$

b) $\sqrt{375} : \sqrt{15} = \sqrt{\frac{375}{15}} = \sqrt{25} = 5$

c) $6 \cdot \sqrt{5} + 3 \cdot \sqrt{2} + 8 \cdot \sqrt{5} = (6+8) \cdot \sqrt{5} + 3 \cdot \sqrt{2} = 14 \cdot \sqrt{5} + 3 \cdot \sqrt{2}$

Vereinfache durch teilweises Wurzelziehen.

a) $\sqrt{2} + \sqrt{8} = \sqrt{2} + \sqrt{2 \cdot 4} = \sqrt{2} + \sqrt{2} \cdot \sqrt{4} = \sqrt{2} + \sqrt{2} \cdot 2 = \sqrt{2} \cdot (1+2) = \sqrt{2} \cdot 3$

b) $3 \cdot \sqrt{6} \cdot (\sqrt{3} + 5) = 3 \cdot \sqrt{18} + 15 \cdot \sqrt{6} = 3 \cdot \sqrt{9 \cdot 2} + 15 \cdot \sqrt{6} = 3 \cdot 3 \cdot \sqrt{2} + 15 \cdot \sqrt{6} =$
$9 \cdot \sqrt{2} + 15 \cdot \sqrt{6}$

Mache den Nenner rational.

a) $\sqrt{2} + \frac{3}{\sqrt{2}} = \sqrt{2} + 3 \cdot \frac{\sqrt{2}}{\sqrt{2} \cdot \sqrt{2}} = \sqrt{2} + 3 \cdot \frac{\sqrt{2}}{2} = \left(1 + \frac{3}{2}\right) \cdot \sqrt{2} = \frac{5}{2} \cdot \sqrt{2}$

b) $\frac{4}{\sqrt{15}} - \frac{\sqrt{3}}{\sqrt{5}} = 4 \cdot \sqrt{\frac{15}{15}} - \sqrt{3} \cdot \sqrt{\frac{5}{5}} = 4 \cdot \sqrt{\frac{15}{15}} - \sqrt{\frac{15}{5}} = 4 \cdot \sqrt{\frac{15}{15}} - 3 \cdot \sqrt{\frac{15}{15}} = \sqrt{\frac{15}{15}}$

Wissen kurz gefasst ✓

Für Produkte gilt:
$\sqrt{a} \cdot \sqrt{b} = \sqrt{a \cdot b}$ wobei a, b nicht negativ sein dürfen und b ≠ 0.

Für Quotienten gilt:
$\frac{\sqrt{a}}{\sqrt{b}} = \sqrt{\frac{a}{b}}$ wobei a, b nicht negativ sein dürfen.

7 Potenzfunktionen — Normalparabel

Normalparabel
Es gibt verschiedene Arten von Funktionen. Die linearen Funktionen $y = ax + b$ haben als Schaubild eine Gerade. Wie sieht das Schaubild der quadratischen Funktion $y = x^2$ aus?

Die Funktion mit der Gleichung $y = x^2$ ist eine **spezielle quadratische Funktion**. Der Graph dieser Funktion heißt **Normalparabel**.

x	−4	−3	−2	−1	0	1	2	3	4
$y = x^2$	16	9	4	1	0	1	4	9	16

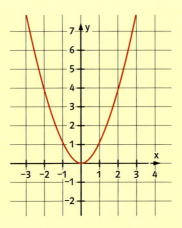

Eigenschaften der Normalparabel
- Das Schaubild der Normalparabel ist symmetrisch zur y-Achse. Der Ursprung des Koordinatensystems liegt auf der Symmetrieachse.
- Der tiefste Punkt der Normalparabel ist der Ursprung des Koordinatensystems. Alle anderen Punkte der Normalparabel liegen oberhalb der x-Achse. Man nennt diesen tiefsten Punkt auch den **Scheitel der Normalparabel**.
- Für negative x-Werte ($x < 0$) fällt das Schaubild der Normalparabel. Für positive x-Werte ($x > 0$) steigt das Schaubild.
- Dem 2-, 3- bzw. n-fachen x-Wert wird der 4-, 9- bzw. n^2-fache y-Wert zugeordnet.

Normalparabel — Potenzfunktionen 7

Für das Zeichnen einer Normalparabel existieren Schablonen. Hat man keine Schablone zur Hand, so kann man die Normalparabel ganz einfach zeichnen:
1. Zeichne ein Koordinatensystem.
2. Markiere den Scheitelpunkt S(0/0).
3. Gehe vom Scheitel aus eine Einheit nach rechts und eine Einheit nach oben. Das Gleiche machst du links vom Scheitel.
4. Gehe vom Scheitel aus zwei Einheiten nach rechts und vier Einheiten nach oben. Das Gleiche nach links.
5. Gehe vom Scheitel aus drei Einheiten nach rechts und neun Einheiten nach oben. Das Gleiche nach links.
6. …

Tipp

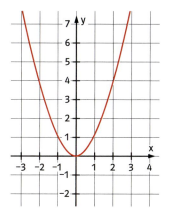
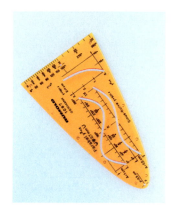

Wissen kurz gefasst ✓

Die Funktionsgleichung einer Normalparabel lautet: $y = x^2$.
Eigenschaften:
- Die Parabel ist symmetrisch zur y-Achse.
- Der Scheitel ist der tiefste Punkt.
- Links vom Scheitel fällt das Schaubild, rechts vom Scheitel steigt es.

7 Potenzfunktionen — Verschieben der Normalparabel

Verschieben der Normalparabel
Außer der Normalparabel gibt es weitere Parabeln. Diese Parabeln entstehen durch Verschiebung der Normalparabel entlang der x- bzw. y-Achse.

> **Verschieben der Normalparabel entlang der y-Achse**
> Der Graph der Funktionsgleichung $y = x^2 + e$ entsteht durch Verschieben der Normalparabel $y = x^2$ um die Strecke e entlang der y-Achse.
> Ist **e positiv**, so wird die Normalparabel **nach oben** verschoben.
> Ist **e negativ**, so wird die Normalparabel **nach unten** verschoben.
> Die Parabel $y = x^2 + e$ hat die y-Achse als Symmetrieachse und den Punkt S(0/e) als Scheitel.
>
> | x | −4 | −3 | −2 | −1 | 0 | 1 | 2 | 3 | 4 |
> |---|---|---|---|---|---|---|---|---|---|
> | $y = x^2 + 2$ | 18 | 11 | 6 | 3 | 2 | 3 | 6 | 11 | 18 |
> | $y = x^2 − 2$ | 14 | 7 | 2 | −1 | −2 | −1 | 2 | 7 | 14 |
>
>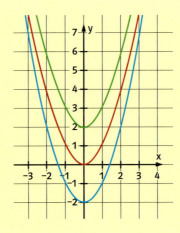

Hinweis:
Verschiebt man eine Parabel in y-Richtung, so verändert sich der x-Wert des Scheitels nicht.

Verschieben der Normalparabel — Potenzfunktionen 7

Verschieben der Normalparabel entlang der x-Achse

Der Graph der Funktionsgleichung $y = (x - d)^2$ entsteht durch Verschieben der Normalparabel $y = x^2$ um die Strecke d entlang der x-Achse.
Ist **d positiv**, so wird die Normalparabel **nach links** verschoben.
Ist **d negativ**, so wird die Normalparabel **nach rechts** verschoben.
Die Parabel $y = (x - d)^2$ hat die Gerade $x = d$ (Parallele zur y-Achse) als Symmetrieachse und den Punkt S(d/0) als Scheitel.

x	−4	−3	−2	−1	0	1	2	3	4
$y = (x - (-2))^2$	4	1	0	1	4	9	16	25	36
$y = (x - 2)^2$	36	25	16	9	4	1	0	1	4

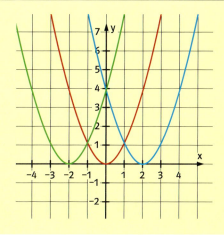

Hinweis:
Verschiebt man eine Parabel in x-Richtung, so verändert sich der y-Wert des Scheitels nicht.

Wissen kurz gefasst

Der Graph der Funktionsgleichung $y = x^2 + e$ entsteht durch Verschieben der Normalparabel entlang der y-Achse: bei positivem e nach oben, bei negativem e nach unten.
Der Graph der Funktionsgleichung $y = (x + d)^2$ entsteht durch Verschieben der Normalparabel entlang der x-Achse: bei positivem d nach links, bei negativem d nach rechts.

7 Potenzfunktionen — Strecken und Spiegeln

Strecken und Spiegeln
Die Normalparabel kann nicht nur entlang der Achsen verschoben, sie kann auch breiter und schmaler gemacht werden. Ebenso kann sie auf den Kopf gestellt werden, d.h. sie wird gespiegelt.

Strecken der Normalparabel
Der Graph der Funktionsgleichung $y = a \cdot x^2$ ($a > 0$) entsteht durch Streckung mit dem Faktor a aus der Normalparabel.
Ist **0 < a < 1**, so wird die Normalparabel **weiter**.
Ist **a > 1**, so wird die Normalparabel **enger**.
Die Parabel $y = ax^2$ hat die y-Achse als Symmetrieachse und den Punkt S(0/0) als Scheitel.

x	−4	−3	−2	−1	0	1	2	3	4
y = 2x²	32	18	8	2	0	2	8	18	32
y = 0,5x²	8	4,5	2	0,5	0	0,5	2	4,5	8

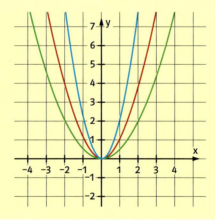

Strecken und Spiegeln — Potenzfunktionen 7

Spiegeln der Normalparabel
Ist bei einer Parabel $y = a x^2$ der Faktor a negativ, so entsteht er durch Spiegelung an der x-Achse aus der Parabel $y = a x^2$ mit positivem a.

Eigenschaften der Parabel $y = a x^2$ (a < 0)
- Die Parabel ist nach unten geöffnet.
- Für **negative x-Werte steigt** die Parabel, für **positive x-Werte fällt** die Parabel.
- Der Scheitel S(0/0) ist der höchste Punkt der Parabel.

x	−4	−3	−2	−1	0	1	2	3	4
$y = 2x^2$	32	18	8	2	0	0	8	18	32
$y = -2x^2$	−32	−18	−8	−2	0	−2	−8	−18	−32

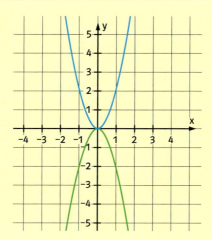

Wissen kurz gefasst ✓

Für den Graphen der Funktion $y = a x^2$ (a ≠ 0) gilt:
- a < 0: Der Graph ist nach unten geöffnet. Für negative x-Werte steigt er, für positive x-Werte fällt er; der Scheitel ist der höchste Punkt der Parabel; für a < −1 ist die Parabel enger, für a > −1 ist sie weiter als die Normalparabel.
- a > 0: Der Graph ist nach oben geöffnet. Für negative x-Werte fällt er, für positive x-Werte steigt er; der Scheitel ist der tiefste Punkt der Parabel; für a < 1 ist die Parabel weiter, für a > 1 ist sie enger als die Normalparabel.

7 Potenzfunktionen — Quadratische Funktion

AB 88

Quadratische Funktion

Bisher wurde die Normalparabel entweder verschoben oder gestreckt. Wie sieht die Funktion aber aus, wenn wir beides gleichzeitig machen?

> Eine Funktion der Gleichung $y = a(x-d)^2 + e$ heißt **quadratische Gleichung**. Ihr Schaubild nennt man **Parabel**. Die Definitionsmenge ist, wenn nicht anders angegeben, die Menge der reellen Zahlen.
> Ist $a = 1$, $d = 0$ und $e = 0$, so ist der Graph die Normalparabel.
> Den Graphen der Gleichung $y = a(x-d)^2 + e$ erhält man aus der Normalparabel, indem man sie nacheinander
> - um d Einheiten entlang der x-Achse verschiebt,
> - mit dem Faktor a streckt bzw. spiegelt,
> - um e Einheiten entlang oder parallel zur y-Achse verschiebt.

Den Scheitel der Parabel kann man an der Gleichung ablesen: S(d/e)

Beispiel

a) Zeichne den Graphen $y = (x-4)^2 + 3{,}5$.

Der Scheitel des Graphen lautet S(4/3,5).
Es handelt sich um eine Normalparabel, die um 4 Einheiten nach rechts und um 3,5 Einheiten nach oben verschoben ist.

$y_1 = x^2$
$y_2 = (x-4)^2$
$y_3 = (x-4)^2 + 3{,}5$

Quadratische Funktion — Potenzfunktionen 7

b) Zeichne die Funktion **y = +0,5(x+1)² −2**.

Der Scheitel der Funktion lautet S(−1/−2).
Es handelt sich um eine Parabel, die weiter ist als die Normalparabel, sowie nach links und nach unten verschoben ist.

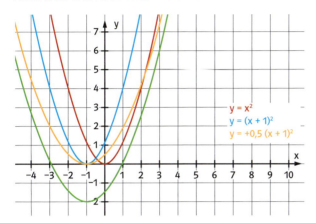

Wissen kurz gefasst ✓

Die Funktion mit der Gleichung y = a(x − d)² + e nennt man quadratische Funktion. Ihr Graph ist eine Parabel. Die Normalparabel ist ein Sonderfall einer quadratischen Funktion.
Den Graphen der Gleichung y = a(x − d)² + e erhält man aus der Normalparabel, indem man sie nacheinander
- um d Einheiten entlang der x-Achse verschiebt,
- mit dem Faktor a streckt, staucht bzw. spiegelt,
- um e Einheiten entlang oder parallel zur y-Achse verschiebt.

Der Scheitel lautet S(d/e).

7 Potenzfunktionen — Scheitel- und Normalform

AB 89

Scheitel- und Normalform
Bei einer quadratischen Funktion kann man die Funktionsgleichung auf verschiedene Arten angeben. Obwohl die Funktionsgleichungen anders aussehen, liefern sie den gleichen Graphen.

Die Funktionsgleichung einer quadratischen Funktion kann man in zwei verschiedenen Formen angeben:

- **Scheitelform:** $y = a(x - d)^2 + e$ ($a \neq 0$)
  Ist die Funktionsgleichung der quadratischen Funktion in Scheitelform angegeben, so kann man direkt den Scheitel ablesen: $S(d/e)$

- **Normalform:** $y = ax^2 + bx + c$ ($a \neq 0$)
  ax^2 heißt quadratisches Glied, bx heißt lineares Glied und c konstantes Glied. Um den Scheitel abzulesen, muss man die Normalform in die Scheitelform umwandeln.

In beiden Fällen ist der Graph eine Parabel:

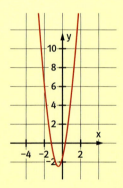

Umwandeln der Scheitelform in die Normalform:

$y = a(x - d)^2 + e$
$ = a(x^2 - 2dx + d^2) + e$ (Binomische Formel!)
$ = ax^2 - 2adx + ad^2 + e$

$ = ax^2 + bx + c$ mit $b = -2ad$ und $c = ad^2 + e$

Scheitel- und Normalform — Potenzfunktionen 7

Beispiel

a) **Umwandeln der Scheitelform in die Normalform**

$$y = 2(x - \tfrac{1}{2})^2 + \tfrac{3}{4}$$
$$= 2(x^2 - x + \tfrac{1}{4}) + \tfrac{3}{4}$$
$$= 2x^2 - 2x + \tfrac{1}{2} + \tfrac{3}{4}$$
$$= 2x^2 - 2x + \tfrac{5}{4}$$

b) **Umwandeln der Normalform in die Scheitelform**

$y = 3x^2 - 6x + 9$

$a = 3;\ b = -6;\ c = 9$

mit $b = -2ad$ folgt $-6 = -2 \cdot 3 \cdot d$ und damit $d = 1$
mit $c = ad^2 + e$ folgt $9 = 3 \cdot 1^2 + e$ und damit $e = 6$

$y = 3(x - 1)^2 + 6$

Wissen kurz gefasst ✓

Eine quadratische Gleichung kann man in Scheitel- und Normalform angeben.
- Scheitelform: $y = a(x - d)^2 + e$ ($a \neq 0$)
- Normalform: $y = ax^2 + bx + c$ ($a \neq 0$)

Man kann beide Formen in die jeweils andere Form umwandeln.

7 Potenzfunktionen — Optimierungsprobleme

AB 90

Optimierungsprobleme

Kevin möchte für sein Meerschweinchen einen Käfig im Freien bauen. Dafür hat er 8 Meter Drahtzaun. Wie muss er den Käfig bauen, damit das Meerschweinchen am meisten Platz hat?

> Im Alltag stellt sich häufiger die Frage, wann eine Größe ihren größten oder kleinsten Wert annimmt. Lässt sich die Größe mittels einer quadratischen Funktion bestimmen, so kann der größte oder kleinste Wert mithilfe des Scheitels berechnet werden. Dabei ist stets der y-Wert des Scheitels der größte oder kleinste Wert.

Beispiel

An eine Wand soll ein Freigehege für ein Meerschweinchen gebaut werden. Du hast 8 m Drahtzaun dafür zur Verfügung. In welchem Abstand von der Wand müssen die beiden Pfosten P und Q aufgestellt werden, damit das Freigehege möglichst groß ist?

P•   •Q

Geg.: 8 m Zaun; an der Wand wird kein Zaun benötigt
Ges.: größtmöglicher Flächeninhalt A des Freigeheges

76

Optimierungsprobleme — Potenzfunktionen 7

1. Einführen der Variablen
Abstand eines Pfostens von der Wand: x

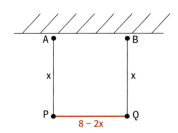

$AP = BQ = x$
$PQ = 8 - 2x$

Länge des Drahtes

2. Aufstellen der Funktionsgleichung
Flächeninhalt des Freigeheges: $A = AP \cdot PQ = x \cdot (8 - 2x) = 8x - 2x^2$

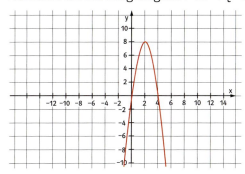

3. Bestimmung des Scheitels
$a = -2;\ b = 8;\ c = 0$
Mit $b = -2ad$ bzw. $8 = -2 \cdot (-2) \cdot d$ folgt $d = 2$ und mit $c = ad^2 + e$ bzw.
$0 = -2 \cdot 2^2 + e$ folgt $e = 8$
$y = -2(x - 2)^2 + 8$ $S(2/8)$

Antwort: An der Stelle $x = 2$ ist der Flächeninhalt am größten ($8\,m^2$). Der Abstand der beiden Pfosten beträgt: $PQ = 8\,m - 2 \cdot 2\,m = 4\,m$.

Wissen kurz gefasst

Bei einem Optimierungsproblem sucht man den größten oder kleinsten Wert einer Größe. Wird die Größe durch eine quadratische Funktion bestimmt, so ist der y-Wert des Scheitels der größte bzw. kleinste Wert.

7 Potenzfunktionen

Potenzfunktion

Potenzfunktion
Es gibt nicht nur quadratische Funktionen $y = ax^2 + bx + c$, d.h. mit 2 als höchster Potenz, sondern auch Funktionen mit 3, 4, … als höchster Potenz.

Eine Funktion mit der Gleichung $y = x^n$ ($x \in \mathbb{R}$; $n \in \mathbb{N}$) heißt **Potenzfunktion**. Der Parameter n gibt den Grad der Potenzfunktion an.

Potenzfunktionen mit geraden Hochzahlen

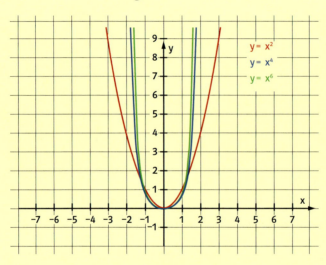

$y = x^2$
$y = x^4$
$y = x^6$

Eigenschaften:
- Sie haben alle den gleichen Scheitel S(0/0).
- Sie gehen alle durch die Punkte P(−1/1) und Q(1/1).
- Die y-Achse ist Symmetrieachse.
- Für negative x-Werte fällt der Graph, für positive x-Werte steigt der Graph.

Potenzfunktion | Potenzfunktionen | 7

Potenzfunktionen mit ungeraden Hochzahlen

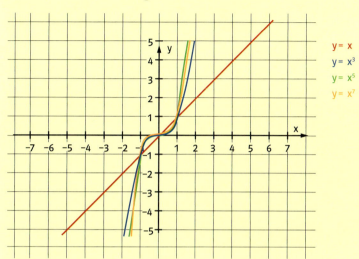

$y = x$
$y = x^3$
$y = x^5$
$y = x^7$

Eigenschaften:
- Sie haben alle den gleichen Scheitel S(0/0).
- Sie gehen alle durch die Punkte P(–1/–1) und Q(1/1).
- Sie sind punktsymmetrisch zum Ursprung.
- Sie steigen für alle x-Werte an.

Wissen kurz gefasst ✓

Eine Funktion mit der Gleichung $y = x^n$ ($x \in \mathbb{R}$; $n \in \mathbb{N}$) heißt Potenzfunktion n-ten Grades. Man unterscheidet zwischen Potenzfunktionen mit geraden und ungeraden Hochzahlen.

7 Potenzfunktionen — Quadratwurzelfunktion

Quadratwurzelfunktion

Spiegelt man den rechten Ast der Normalparabel an der Geraden y = x, so erhält man eine neue Funktion: die Quadratwurzelfunktion.

Eine Funktion mit der Gleichung y = √x (x ≥ 0) heißt **Quadratwurzelfunktion.**

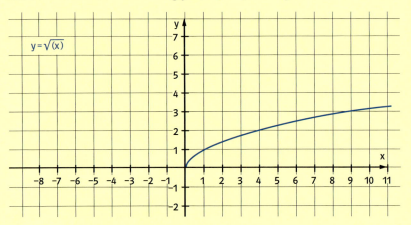

Die Quadratwurzelfunktion entsteht, indem man den rechten Ast der Normalparabel an der Geraden y = x (auch 1. Winkelhalbierende genannt) spiegelt.

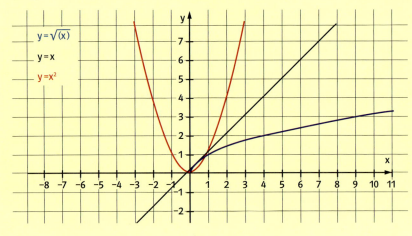

Quadratwurzelfunktion Potenzfunktionen 7

Beispiel

Zeichne folgende Funktionen:

a) $y = \frac{1}{2}\sqrt{x}$ b) $y = 2\sqrt{x}$

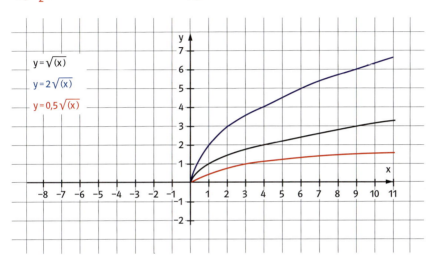

Wissen kurz gefasst ✓

Eine Funktion mit der Gleichung $y = \sqrt{x}$ ($x \geq 0$) heißt Quadratwurzelfunktion. Sie entsteht aus der Normalparabel, indem man den rechten Ast an der 1. Winkelhalbierenden spiegelt.

8 Quadratische Gleichungen — Allgemeines

Quadratische Gleichung
Bei einer quadratischen Funktion haben wir für x einen Wert eingesetzt und den zugehörigen Funktionswert erhalten. Um zu einem Funktionswert den x-Wert zu berechnen, verwendet man quadratische Gleichungen.

> Eine Gleichung, die man mittels Umformungen auf die Form $ax^2 + bx + c = 0$ ($a \neq 0$) bringen kann, nennt man **quadratische Gleichung.**
> ax^2 heißt quadratisches Glied, bx lineares Glied und c konstantes Glied.
> Fehlt bei einer quadratischen Gleichung das lineare Glied, so nennt man sie **reinquadratische Gleichung:** $ax^2 + c = 0$.
> Eine quadratische Gleichung mit linearem Glied nennt man auch **gemischtquadratische Gleichung:** $ax^2 + bx + c = 0$
>
> Bisher können wir quadratische Gleichungen nur durch systematisches Probieren lösen.
> Eine quadratische Gleichung kann keine, eine oder zwei Lösungen besitzen.

Beispiel

Löse durch Probieren:
a) $x^2 + x - 2 = 0 \qquad (x \in \mathbb{Z})$

1. Umformen der Gleichung: $x^2 + x - 2 = 0 \qquad |-x + 2$
$$x^2 = -x + 2$$

2. Gesucht ist eine Zahl x, deren Quadrat den gleichen Wert annimmt wie $-x + 2$.

3. Tabelle:

x	–3	–2	–1	0	1	2
x^2	9	4	1	0	1	4
$-x+2$	5	4	3	2	1	0

4. Für $x = -2$ und $x = 1$ nimmt x^2 den gleichen Wert an wie $-x + 2$.

Allgemeines — Quadratische Gleichungen

b) $2x^2 + 16x + 32 = 0$ $(x \in \mathbb{Z})$

1. Umformen der Gleichung:
$$2x^2 + 16x + 32 = 0 \quad |-16x - 32$$
$$2x^2 = -16x - 32 \quad |:2$$
$$x^2 = -8x - 16$$

2. Gesucht ist eine Zahl x, deren Quadrat den gleichen Wert annimmt wie $-8x - 16$

3. Für positive x ist x^2 positiv und $-8x - 16$ immer negativ, also existieren höchstens 1 oder keine Lösung.

4. Tabelle:

x	0	−1	−2	−3	−4
x^2	0	1	4	9	16
$-8x - 16$	−16	−8	0	8	16

5. Für $x = -4$ nimmt x^2 den gleichen Wert an wie $-8x - 16$.

Wissen kurz gefasst ✓

Eine Gleichung $ax^2 + bx + c = 0$ heißt quadratische oder gemischtquadratische Gleichung.
Eine Gleichung $ax^2 + c = 0$ heißt reinquadratische Gleichung.
Beide Arten kann man durch systematisches Probieren lösen.

8 Quadratische Gleichungen — Lösungsverfahren

Zeichnerisches Lösungsverfahren
So wie lineare Gleichungen zeichnerisch gelöst werden können, können auch quadratische Gleichungen zeichnerisch gelöst werden.

Zum Lösen einer quadratischen Gleichung durch Zeichnen gibt es zwei Möglichkeiten:

1. Man zeichnet die zur quadratischen Gleichung gehörende quadratische Funktion und bestimmt ihre Nullstellen.
   Nullstellen sind die Stellen, an denen der Graph die x-Achse schneidet.

zwei Nullstellen – zwei Lösungen

eine Nullstelle – eine Lösung

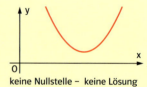
keine Nullstelle – keine Lösung

2. Man formt die quadratische Gleichung so um, dass auf der einen Seite x^2 alleine steht. So erhält man zwei Funktionen, die Normalparabel und eine lineare Funktion (Gerade). Nun zeichnet man beide Funktionen in ein Koordinatensystem. Die x-Werte der Punkte, an denen sich die Normalparabel und die Gerade schneiden, sind die gesuchten Lösungen.

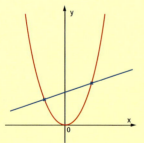
Zwei Schnittpunkte – zwei Lösungen

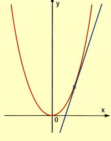
ein Schnittpunkt – eine Lösung

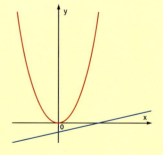
kein Schnittpunkt – keine Lösung

Quadratische Gleichungen

Lösungsverfahren | **8**

Beispiel

a) Bestimmen der Lösung mittels der Nullstellen der quadratischen Gleichung:
$x^2 - 2x - 8 = 0$

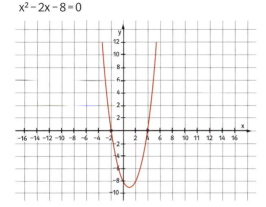

$x_1 = -2$
$x_2 = 4$

b) Bestimmen der Lösung als Schnittpunkte zweier Funktionen:
$x^2 + x - 3 = 0$
Normalparabel: $y = x^2$; lineare Funktion: $y = -x + 3$

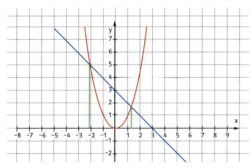

$x_1 \approx -2{,}4$
$x_2 \approx 1{,}3$

Wissen kurz gefasst ✓

Eine quadratische Gleichung kann auf zwei Arten zeichnerisch gelöst werden:
1. Man zeichnet die zugehörige quadratische Funktion und bestimmt die Nullstellen.
2. Man formt die Gleichung so um, dass auf der einen Seite die Gleichung der Normalparabel und auf der anderen Seite eine lineare Funktion steht. Dann zeichnet man beide Funktionen in ein Koordinatensystem. Der x-Wert der Schnittpunkte der beiden Funktionen ist die Lösung der Gleichung.

8 Quadratische Gleichungen — Binomische Formeln

Binomische Formeln

Die Entdeckung der binomischen Formeln wird üblicherweise Alessandro oder auch Francesco Binomi, einer fiktiven Person, zugeschrieben. Die Bezeichnung „Binom" setzt sich zusammen aus „bi" für zwei und „nomen" für Name.

Zweigliedrige Terme, z. B. a+b oder a−b, nennt man **Binome.** Multipliziert man mithilfe des Distributivgesetzes zwei Binome miteinander, so kann man diese zu einem quadratischen Term zusammenfassen.
Dies führt uns zu den **binomischen Formeln:**

1. **binomische Formel:** $(a+b)^2 = a^2 + 2ab + b^2$
   Beweis:
   $(a+b)^2 = (a+b) \cdot (a+b) = a^2 + ab + ba + b^2 = a^2 + 2ab + b^2$

2. **binomische Formel:** $(a-b)^2 = a^2 - 2ab + b^2$
   Beweis:
   $(a-b)^2 = (a-b) \cdot (a-b) = a^2 - ab - ba + b^2 = a^2 - 2ab + b^2$

3. **binomische Formel:** $(a+b) \cdot (a-b) = a^2 - b^2$
   Beweis:
   $(a+b) \cdot (a-b) = a^2 - ab + ba - b^2 = a^2 - b^2$

Beachte:
Folgende Formeln gelten **nicht**:

$(a+b)^2 \neq a^2 + b^2$
$(a-b)^2 \neq a^2 - b^2$

Binomische Formeln — Quadratische Gleichungen 8

Beispiel

1. Multipliziere mit den binomischen Formeln aus.

   a) $(x+3)^2 = x^2 + 2 \cdot x \cdot 3 + 3^2 = x^2 + 6x + 9$
   b) $(2x-4)^2 = (2x)^2 - 2 \cdot 2x \cdot 4 + 4^2 = 4x^2 - 16x + 16$
   c) $(4x-5) \cdot (4x+5) = (4x)^2 - 5^2 = 16x^2 - 25$

2. Bilde mittels der binomischen Formeln ein Produkt.

   a) $x^2 + 50x + 625 = (x+25)^2$
   b) $2x^2 - 32x + 128 = 2 \cdot (x^2 - 16x + 64) = 2 \cdot (x-8)^2$
   c) $49x^2 - 36y^2 = (7x)^2 - (6y)^2 = (7x-6y) \cdot (7x+6y)$

3. Berechne mittels der binomischen Formeln im Kopf.

   a) $21^2 = (20+1)^2 = 20^2 + 2 \cdot 20 \cdot 1 + 1^2 = 400 + 40 + 1 = 441$
   b) $58^2 = (50+8)^2 = 50^2 + 2 \cdot 50 \cdot 8 + 8^2 = 2500 + 800 + 64 = 3364$
   c) $17 \cdot 23 = (20-3) \cdot (20+3) = 20^2 - 3^2 = 400 - 9 = 391$

Wissen kurz gefasst ✓

1. Binomische Formel: $(a+b)^2 = a^2 + 2ab + b^2$
2. Binomische Formel: $(a-b)^2 = a^2 - 2ab + b^2$
3. Binomische Formel: $(a+b) \cdot (a-b) = a^2 - b^2$

8 Quadratische Gleichungen — Gleichung $x^2 = r$

Zeichnerische Lösungsverfahren führen häufig zu ungenauen Ergebnissen.

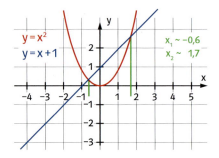

$y = x^2$
$y = x + 1$
$x_1 \approx -0{,}6$
$x_2 \approx 1{,}7$

Lösen einer quadratischen Gleichung der Form $x^2 = r$, wobei $r \in \mathbb{R}$
Eine quadratische Gleichung kann keine, eine oder zwei Lösungen besitzen.
Die Gleichung $x^2 = r$ hat
- zwei Lösungen, wenn r positiv ist ($r > 0$). Die Lösungen sind $-\sqrt{r}$ und $+\sqrt{r}$, da $(-\sqrt{r})^2 = r$ und $\sqrt{r}^2 = r$.
- eine Lösung, wenn $r = 0$. Es gilt $x^2 = 0$ und damit $x = 0$.
- keine Lösung, wenn r negativ ist ($r < 0$). Die Lösungsmenge ist die leere Menge $L = \{\}$.

Beispiel

a) $x^2 = -3$
Die Gleichung hat keine Lösung, da r negativ ist.
$L = \{\}$

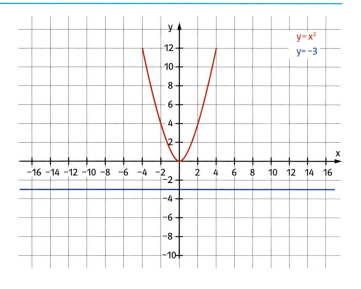

Gleichung $x^2 = r$ — Quadratische Gleichungen — 8

b) $x^2 = 0$
   $x = 0$
   $L = \{0\}$

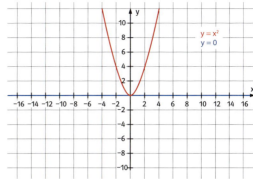

c) $x^2 = 4$
   $x = -2$ und $x = 2$
   $L = \{-2; 2\}$

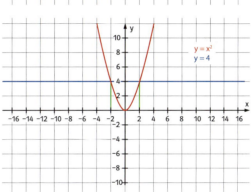

d) $2x^2 + 3 = 6 \quad |-3$
   $2x^2 = 3 \quad |:2$
   $x^2 = \frac{3}{2}$

   $x_1 = -\sqrt{\frac{3}{2}}$ oder $x_2 = \sqrt{\frac{3}{2}}$

   $L = \{-\sqrt{\frac{3}{2}}, \sqrt{\frac{3}{2}}\}$

Wissen kurz gefasst

Eine quadratische Gleichung $x^2 = r$ kann keine, eine oder zwei Lösungen besitzen.
- Für $r > 0$ hat die Gleichung zwei Lösungen: $x_1 = -\sqrt{r}$ und $x_2 = \sqrt{r}$.
- Für $r = 0$ hat die Gleichung eine Lösung: $x = 0$.
- Für $r < 0$ hat die Gleichung keine Lösung.

8 Quadratische Gleichungen — Gleichung $(x-d)^2 = r$

Quadratische Gleichungen existieren nicht nur in der einfachen Form $x^2 = r$, sondern auch in der Form $(x-d)^2 = r$ oder $x^2 - 2xd + d^2 = r$.

Lösen einer quadratischen Gleichung der Form $(x-d)^2 = r$
Auch diese Form der quadratischen Gleichung kann zwei, eine oder keine Lösung besitzen. Um die Gleichung zu lösen, können wir unser Wissen über das Lösen von Gleichungen der Form $x^2 = r$ zu Hilfe nehmen.

Dazu betrachten wir die Gleichung $(x-d)^2 = r$ als reinquadratische Gleichung. Die Gleichung hat

- zwei Lösungen, wenn $r > 0$:
  $x_1 - d = -\sqrt{r}$ und $x_2 - d = \sqrt{r}$
  $x_1 = -\sqrt{r} + d$ und $x_2 = \sqrt{r} + d$

- eine Lösung, wenn $r = 0$:
  $x = d$

- keine Lösung, wenn $r < 0$:
  $L = \{\}$

Tipp: Manchmal kann man eine quadratische Gleichung der Form $ax^2 + bx + c = r$ mittels der binomischen Formeln auf eine quadratische Gleichung der Form $(x-d)^2 = r$ zurückführen. Zum Lösen kann sie dann wie eine reinquadratische Gleichung behandelt werden.

Quadratische Gleichungen

Gleichung $(x-d)^2 = r$

Beispiel

Löse folgende quadratische Gleichungen:

a) $(x+5)^2 = 49$
　　$x_1 + 5 = 7$　　und　　$x_2 + 5 = -7$
　　　$x_1 = 2$　　und　　　$x_2 = -12$
　$L = \{-12; 2\}$

b) $(x+6)^2 = 36$
　　$x_1 + 6 = 6$　　und　　$x_2 + 6 = -6$
　　　$x_1 = 0$　　und　　　$x_2 = -12$
　$L = \{-12; 0\}$

c) $x^2 - 6x + 9 = 36$
　　$(x-3)^2 = 36$　　binomische Formel!!!
　　$x_1 - 3 = 6$　　und　　$x_2 - 3 = -6$
　　　$x_1 = 9$　　und　　　$x_2 = -3$
　$L = \{-3; 9\}$

d) $x^2 - 8x + 4 = -12$　$| +12$
　$x^2 - 8x + 16 = 0$
　　$(x-4)^2 = 0$
　　　$x - 4 = 0$
　　　　　$x = 4$
　$L = \{4\}$

Wissen kurz gefasst ✓

Eine Gleichung der Form $(x-d)^2 = r$ wird zum Lösen als reinquadratische Gleichung betrachtet. Sie kann keine, eine oder zwei Lösungen besitzen.
- Für $r > 0$ hat die Gleichung zwei Lösungen: $x_1 = -\sqrt{r} + d$ und $x_2 = \sqrt{r} + d$.
- Für $r = 0$ hat die Gleichung eine Lösung: $x = d$.
- Für $r < 0$ hat die Gleichung keine Lösung.

8 Quadratische Gleichungen — Ergänzung

Auf welche Art kann man quadratische Gleichungen lösen, die sich nicht auf den ersten Blick mit einer binomischen Formel auf eine Gleichung der Form $(x-d)^2 = r$ zurückführen lassen?

> **Lösen einer quadratischen Gleichung mittels quadratischer Ergänzung**
> Jede quadratische Gleichung $ax^2 + bx + c = 0$ kann auf die Form $(x-d)^2 = r$ zurückgeführt werden. Dazu dividiert man zuerst die Gleichung durch a ($a \neq 0$) und bringt sie damit auf die Form $x^2 + \frac{b}{a}x + \frac{c}{a} = 0$ bzw. $x^2 + px + q = 0$, wobei $p = \frac{b}{a}$ und $q = \frac{c}{a}$. Dann bringt man die Gleichung auf die Form $x^2 + px = -q$. Schließlich ergänzt man den Term $x^2 + px$ durch $\left(\frac{p}{2}\right)^2$ sodass man den neuen Term mit einer binomischen Formel als Quadrat schreiben kann. Dieses Verfahren heißt **quadratische Ergänzung.**

Es gilt dann: $x^2 + px + \left(\frac{p}{2}\right)^2 = \left(x + \frac{p}{2}\right)^2$

Beachte:
Auf beiden Seiten der Gleichung muss mit der gleichen Zahl ergänzt werden!

Tipp: Hat die Gleichung die Form $x^2 + px = 0$, so ist die Gleichung einfach zu lösen:

$$x(x+p) = 0$$
$$x_1 = 0 \quad \text{und} \quad x_2 = -p$$

Ergänzung — Quadratische Gleichungen 8

Beispiel

a) $x^2 + 8x + 7 = 0 \quad |-7$
$\quad x^2 + 8x = -7$

Quadratische Ergänzung:
$x^2 + 8x + 4^2 = -7 + 4^2$
$\quad (x+4)^2 = 9$
$\quad\quad x_1 + 4 = 3 \quad$ und $\quad x_2 + 4 = -3$
$\quad\quad\quad x_1 = -1 \quad$ und $\quad\quad x_2 = -7$
$L = \{-7;\ -1\}$

b) $-\frac{3}{2}x^2 + 6x + 6 = 0 \quad \left|\cdot\left(-\frac{2}{3}\right)\right.$
$\quad x^2 - 4x + 4 = 0 \quad |-4$
$\quad x^2 - 4x = -4$
$x^2 - 4x + 2^2 = -4 + 2^2$
$\quad (x-2)^2 = 0$
$\quad\quad x - 2 = 0$
$\quad\quad\quad x = 2$
$L = \{2\}$

Wissen kurz gefasst ✓

Mithilfe der quadratischen Ergänzung kann man jede gemischtquadratische Gleichung auf die Form $(x-d)^2 = r$ bringen und sie mit bekannten Verfahren lösen. Bei der quadratischen Ergänzung ergänzt man den Term $x^2 + px$ so, dass man den neuen Term mit einer binomischen Formel als Quadrat schreiben kann.

8 Quadratische Gleichungen — Erste Lösungsformel

Erste Lösungsformel für quadratische Gleichungen

Die quadratische Gleichung ist in allgemeiner Form $ax^2 + bx + c = 0$ gegeben:

$$x_{1,2} = \frac{-b \pm \sqrt{b^2 - 4ac}}{2a}$$ wobei $b^2 - 4ac = D$ Diskriminante heißt.

Die quadratische Gleichung hat

- zwei Lösungen, wenn $D > 0$:
  $$x_1 = \frac{-b + \sqrt{b^2 - 4ac}}{2a} \text{ und } x_2 = \frac{-b - \sqrt{b^2 - 4ac}}{2a}$$

- eine Lösung, wenn $D = 0$: $x = -\frac{b}{2a}$

- keine Lösung, wenn $D < 0$.

Tipp Diese Lösungsformel kann für jede quadratische Gleichung benutzt werden. Sie ist auch als Mitternachtsformel bekannt.

Quadratische Gleichungen

Erste Lösungsformel — 8

Beispiel

a) $3x^2 - 4x - 4 = 0$
   $a = 3; b = -4; c = -4$

   $x_1 = \dfrac{4 + \sqrt{4^2 - 4 \cdot 3 \cdot (-4)}}{2 \cdot 3} = \dfrac{4 + \sqrt{16 + 48}}{6} = \dfrac{4 + 8}{6} = 2$

   $x_2 = \dfrac{4 - \sqrt{4^2 - 4 \cdot 3 \cdot (-4)}}{2 \cdot 3} = \dfrac{4 - \sqrt{16 + 48}}{6} = \dfrac{4 - 8}{6} = -\dfrac{2}{3}$

   $L = \{-\dfrac{2}{3}; 2\}$

b) $4x^2 + 64x + 144 = 0$
   $a = 4; b = 64; c = 144$

   $D = b^2 - 4ac = 64^2 - 4 \cdot 4 \cdot 144 = 4096 - 36864 = -32768$

   Da die Diskriminante negativ ist, hat die quadratische Gleichung keine Lösung.
   $L = \{\}$

Wissen kurz gefasst ✓

Zum Lösen einer quadratischen Gleichung $ax^2 + bx + c = 0$ $(a \neq 0)$ existiert eine Lösungsformel
Für $b^2 - 4ac = D \geq 0$ gilt:

$$x_{1,2} = \dfrac{-b \pm \sqrt{b^2 - 4ac}}{2a}$$

8 Quadratische Gleichungen — Zweite Lösungsformel

AB 91

Außer der sogenannten Mitternachtsformel zum Lösen quadratischer Gleichungen gibt es eine weitere Lösungsformel.

> **Zweite Lösungsformel für quadratische Gleichungen**
> Die quadratische Gleichung ist in Normalform $x^2 + px + q = 0$ gegeben:
>
> $x_{1,2} = -\frac{p}{2} \pm \sqrt{\left(\frac{p}{2}\right)^2 - q}$ wobei $\left(\frac{p}{2}\right)^2 - q = D$ Diskriminante heißt.
>
> Die quadratische Gleichung hat
>
> - zwei Lösungen, wenn $D > 0$:
> $x_1 = -\frac{p}{2} + \sqrt{\left(\frac{p}{2}\right)^2 - q}$ und $x_2 = -\frac{p}{2} - \sqrt{\left(\frac{p}{2}\right)^2 - q}$
>
> - eine Lösung, wenn $D = 0$: $x = -\frac{p}{2}$
>
> - keine Lösung, wenn $D < 0$.

Tipp

Diese Lösungsformel kann für quadratische Gleichungen benutzt werden, bei denen vor dem quadratischen Teil eine 1 steht. Um dies zu erreichen, muss man die quadratische Gleichung durch die Zahl, die vor dem x^2 steht, teilen.
Diese Lösungsformel ist auch als p-q-Formel bekannt.

Zweite Lösungsformel — Quadratische Gleichungen 8

Beispiel

a) $x^2 + 8x - 9 = 0$

$p = 8;\ q = -9$

$x_1 = -\frac{8}{2} + \sqrt{\left(\frac{8}{2}\right)^2 + 9} = -4 + \sqrt{16+9} = -4 + 5 = 1$

$x_2 = -\frac{8}{2} - \sqrt{\left(\frac{8}{2}\right)^2 + 9} = -4 - \sqrt{16+9} = -4 - 5 = -9$

$L = \{-9;\ 1\}$

b) $-3x^2 - 12x + 60 = 0 \quad |:(-3)$

$\quad x^2 + 4x - 20 = 0$

$x_1 = -2 + \sqrt{2^2 + 20} = -2 + \sqrt{4+20} = -2 + \sqrt{24} = -2 + 2\sqrt{6} = 2(-1+\sqrt{6}) \approx 2{,}9$

$x_2 = -2 - \sqrt{2^2 + 20} = -2 - \sqrt{4+20} = -2 - \sqrt{24} = -2 - 2\sqrt{6} = -2(1+\sqrt{6}) \approx -6{,}9$

$L = \{2(-1+\sqrt{6});\ -2(1+\sqrt{6})\}$

Wissen kurz gefasst ✓

Ist eine quadratische Gleichung in der Form $x^2 + px + q = 0$ gegeben, so kann man sie mit folgender Formel lösen:

Für $\left(\frac{p}{2}\right)^2 - q = D \geq 0$ gilt:

$$x_{1,2} = -\frac{p}{2} \pm \sqrt{\left(\frac{p}{2}\right)^2 - q}$$

9 Grundkonstruktionen — Winkel an Geraden

Winkel an Geraden

AB 92

Scheitel- und Nebenwinkel
Schneiden sich zwei Geraden, so entstehen dabei 4 Winkel.

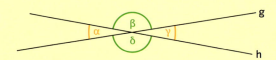

Die Winkel α und γ sowie die Winkel β und δ sind **Scheitelwinkel** zueinander.
Die Winkel α und β sowie γ und δ sind **Nebenwinkel**.
Es gilt:
- Scheitelwinkel sind gleich groß.
- Nebenwinkel ergeben zusammen 180°.

Stufen- und Wechselwinkel
Werden zwei Geraden g und h von einer dritten Geraden i geschnitten, so entstehen weitere Winkel.
Die Winkel α und β sind **Stufenwinkel**, da sie auf derselben Seite der Geraden i und auf den entsprechenden Seiten der Geraden g und h liegen.

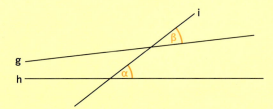

Die Winkel δ und γ sind **Wechselwinkel**, da sie auf verschiedenen Seiten der Geraden i und entgegengesetzten Seiten der Geraden g und h liegen.

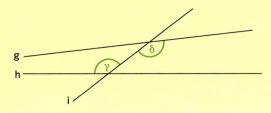

Winkel an Geraden — Grundkonstruktionen 9

Sind die Geraden g und h parallel zueinander, so gelten der Stufen- und Wechselwinkelsatz.

Stufenwinkelsatz
Ist g ∥ h, dann sind α und β gleich groß.
Oder:
Sind α und β gleich groß, dann ist g ∥ h.

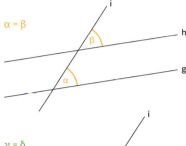

Wechselwinkelsatz
Ist g ∥ h, dann sind δ und γ gleich groß.
Oder:
Sind δ und γ gleich groß, dann ist g ∥ h.

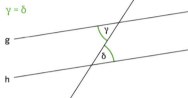

Bestimme die fehlenden Winkelgrößen.

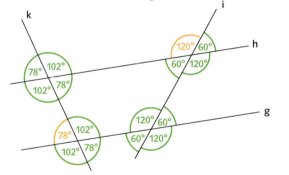

g ∥ h

geg.: 120° und 78°

Beispiel

Wissen kurz gefasst

Bei sich schneidenden Geraden heißen gegenüberliegende Winkel Scheitelwinkel.
Nebeneinanderliegende Winkel heißen Nebenwinkel.
An parallelen Geraden sind Stufen- und Wechselwinkel gleich groß.
Es gilt auch umgekehrt:
Sind Stufen- und Wechselwinkel gleich groß, dann sind die Geraden parallel.

9 Grundkonstruktionen — Winkelsummen

AB 93

Winkelsummen
Bestimme den fehlenden Winkel.

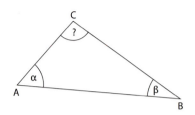
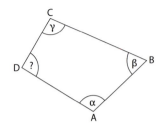

Winkelsumme im Dreieck

Im Dreieck beträgt die Summe aller innenliegenden Winkel 180°.

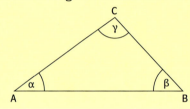

$$\alpha + \beta + \gamma = 180°$$

Dreiecke werden aufgrund der Größe der Innenwinkel in drei Kategorien zusammengefasst:

- **spitzwinklige Dreiecke:**
  Jeder Innenwinkel ist kleiner als 90°.

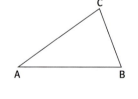

- **stumpfwinklige Dreiecke:**
  Ein Innenwinkel ist größer als 90°.

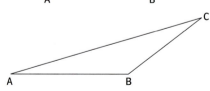

- **rechtwinklige Dreiecke:**
  Ein Innenwinkel ist 90°.

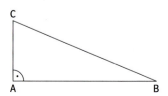

100

Winkelsummen Grundkonstruktionen 9

Winkelsumme im Viereck
Im Viereck beträgt die Summe aller innenliegenden Winkel 360°.

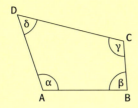

$\alpha + \beta + \gamma + \delta = 360°$

Bestimme die fehlenden Winkel.

Beispiel

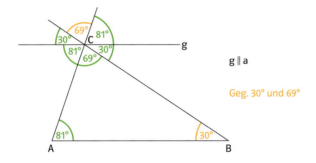

g ∥ a

Geg. 30° und 69°

Wissen kurz gefasst ✓

Die Summe der Innenwinkel im Dreieck beträgt 180°.
Die Summe der Innenwinkel im Viereck beträgt 360°.
Sind alle Innenwinkel kleiner als 90°, so ist das Dreieck spitzwinklig.
Ist ein Innenwinkel größer als 90°, so ist das Dreieck stumpfwinklig.
Ist ein Innenwinkel 90°, so ist das Dreieck rechtwinklig.

9 Grundkonstruktionen — Besondere Dreiecke

AB 94

Besondere Dreiecke
Warum sind diese Dreiecke außergewöhnlich?

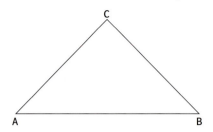
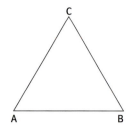

Gleichschenklige Dreiecke
Sind bei einem Dreieck mindestens zwei Seiten gleich lang, so nennt man es ein **gleichschenkliges Dreieck**.
Man hat folgende Bezeichnungen eingeführt:
- Die beiden gleich langen Seiten heißen **Schenkel** des Dreiecks.
- Die andere Seite heißt **Basis.**
- Die beiden Winkel, die an der Basis anliegen, nennt man **Basiswinkel.**

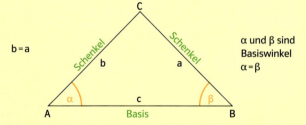

Es gilt:
- Die Basiswinkel sind gleich groß.
- Ein gleichschenkliges Dreieck ist symmetrisch zur Geraden durch C und M.

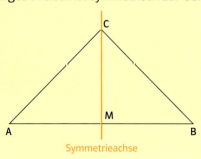

Besondere Dreiecke   Grundkonstruktionen   9

Gleichseitige Dreiecke
Sind bei einem Dreieck alle Seiten gleich lang, so nennt man das Dreieck **gleichseitig**.

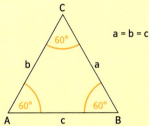

Es gilt:
- In einem gleichseitigen Dreieck sind die Innenwinkel gleich groß und betragen 60°.
- Ein gleichseitiges Dreieck hat 3 Symmetrieachsen.

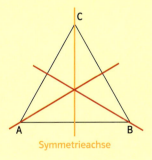

Jedes gleichseitige Dreieck ist auch gleichschenklig. Jedoch nicht jedes gleichschenklige Dreieck ist auch gleichseitig.

Wissen kurz gefasst ✓

Sind bei einem Dreieck mindestens zwei Seiten gleich lang, so ist es gleichschenklig.
Sind alle Seiten gleich lang, so ist es gleichseitig.
Jedes gleichseitige oder gleichschenklige Dreieck hat eine Symmetrieachse.

9 Grundkonstruktionen — Zusammenhänge im Dreieck

Wir wissen, dass im gleichseitigen und gleichschenkligen Dreieck Zusammenhänge existieren, die man zum Berechnen oder Konstruieren des Dreiecks verwenden kann. Gibt es solche Zusammenhänge und Beziehungen auch in einem beliebigen Dreieck?

Zusammenhänge im beliebigen Dreieck
- Zur längeren Seite gehört immer der größere Gegenwinkel.
- Umkehrung: Zum größeren Winkel gehört immer die längere gegenüberliegende Seite.

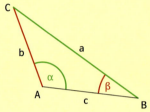

Ist $\alpha > \beta$, so ist $a > b$.

Ist $a > b$, so ist $\alpha > \beta$.

- Bei einem Dreieck ist die Summe zweier Seiten immer größer als die dritte Seite.
 $a + b > c$; $b + c > a$; $a + c > b$
 Diese 3 Ungleichungen nennt man **Dreiecksungleichungen**.
 Sind diese nicht erfüllt, so kann das Dreieck nicht konstruiert werden.

$a = 2{,}5\,cm$; $b = 3{,}1\,cm$; $c = 6\,cm$

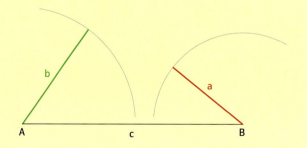

Zusammenhänge im Dreieck — Grundkonstruktionen 9

Beispiel

Prüfe rechnerisch, ob ein Dreieck mit folgenden Seitenlängen existiert. Wenn ja, konstruiere das Dreieck.

a) a = 5 cm; b = 5,2 cm; c = 9,5 cm

    1. a + b > c   5 cm + 5,2 cm = 10,2 cm > 9,5 cm
    2. b + c > a   5,2 cm + 9,5 cm = 14,7 cm > 5 cm
    3. a + c > b   5 cm + 9,5 cm = 14,5 cm > 5,2 cm

Da die Dreiecksungleichungen erfüllt sind, ist das Dreieck konstruierbar.

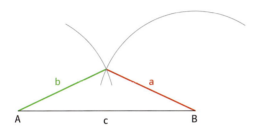

b) a = 2,4 cm; b = 3,3 cm; c = 5,9 cm

    1. a + b > c   2,4 cm + 3,3 cm = 5,7 cm < 5,9 cm
    2. b + c > a   3,3 cm + 5,9 cm = 9,3 cm > 2,4 cm
    3. a + c > b   2,4 cm + 5,9 cm = 8,3 cm > 3,3 cm

Da eine Dreiecksungleichung nicht erfüllt ist, ist das Dreieck nicht konstruierbar.

Wissen kurz gefasst

- Zur längeren Seite gehört immer der größere Gegenwinkel.
- Zum größeren Winkel gehört immer die längere gegenüberliegende Seite.
- Damit ein Dreieck konstruierbar ist, müssen die Dreiecksungleichungen erfüllt sein:
    a + b > c;   b + c > a;   a + c > b

9 Grundkonstruktionen — Abstände

Abstände

Wenn Michael kommt, werden wir verraten, dass wir sein Taschenmesser gleichweit von den vorderen Ecken der Bank und in einem Meter Abstand vom Wegrand versteckt haben.

Wo liegen alle Punkte, die von einem gegebenen Punkt den gleichen Abstand haben? Wo liegen alle Punkte, die von einer gegebenen Geraden den gleichen Abstand haben? Solche und ähnliche Fragen werden hier behandelt.

Abstand eines Punktes A zu einem Punkt B
Hat die Strecke $\overline{AB}$ die Länge l, so sagt man auch:
Die Punkte A und B haben einen Abstand von l.

Abstand eines Punktes A von einer Geraden g
Der Abstand von A zu g ist die kürzeste Verbindung zwischen A und g. Bestimmung des Abstandes:
- Zeichne eine senkrechte Gerade h zu g durch den Punkt A.
- h schneidet g im Punkt B.
- Die Strecke $\overline{AB}$ ist der gesuchte Abstand.

Man nennt diese Strecke auch das **Lot von A auf g**.

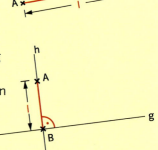

Abstand zweier paralleler Geraden g und h
Der Abstand zwischen g und h ist der Abstand eines Punktes auf g von h und umgekehrt. Es gilt: Jeder Punkt auf g hat den gleichen Abstand zu h und umgekehrt.

Gleicher Abstand von einem Punkt
Bei einem Kreis haben alle Punkte auf der Kreislinie den gleichen Abstand zum Mittelpunkt M. Dieser Abstand r ist der Radius des Kreises.

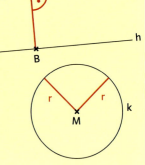

Abstände — Grundkonstruktionen 9

Gleicher Abstand von zwei Punkten A und B
Alle Punkte, die von A und B den gleichen Abstand besitzen, liegen auf einer Geraden m. Die Gerade m ist senkrecht zur Strecke $\overline{AB}$ und geht durch die Mitte von AB. Die Gerade m heißt auch **Mittelsenkrechte von AB**.

Gleicher Abstand von zwei parallelen Geraden g und h
Alle Punkte, die von g und h den gleichen Abstand besitzen, liegen auf einer zu g und h parallelen Geraden i. Diese Gerade i liegt in der Mitte zwischen g und h und heißt **Mittelparallele**.

Gleiche Abstände von zwei sich schneidenden Geraden g und h
Alle Punkte, die von g und h den gleichen Abstand besitzen, liegen auf zwei Geraden w_1 und w_2. Diese Geraden heißen **Winkelhalbierende**, da sie die Winkel α und β zwischen g und h halbieren.

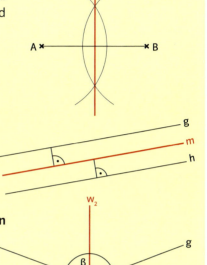

Wissen kurz gefasst ✓

- Der Abstand zweier Punkte ist die Länge ihrer Verbindungsstrecke.
- Der Abstand eines Punktes von einer Geraden ist die Länge seines Lotes.
- Der Abstand zweier paralleler Geraden ist der Abstand eines Punktes auf einer Geraden zur anderen Geraden.
- Alle Punkte auf der Mittelsenkrechten zu einer Strecke haben den gleichen Abstand von den Endpunkten der Strecke.
- Alle Punkte, die den gleichen Abstand zu zwei parallelen Geraden haben, liegen auf einer Mittelparallelen.
- Alle Punkte, die den gleichen Abstand zu zwei sich schneidenden Geraden haben, liegen auf zwei Winkelhalbierenden.

9 Grundkonstruktionen — Mittelsenkrechte

AB 95

Mittelsenkrechte
Zeichne eine Strecke $\overline{AB}$ auf ein Blatt Papier. Falte dein Papier so, dass der Punkt A auf den Punkt B trifft. Welche Eigenschaften hat die Faltkante?

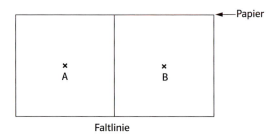

Eigenschaften der Mittelsenkrechte m einer Strecke $\overline{AB}$
- m halbiert die Strecke $\overline{AB}$ und geht durch ihren Mittelpunkt M.
- m steht senkrecht (orthogonal) zur Strecke $\overline{AB}$.
- m ist die Symmetrieachse der Strecke $\overline{AB}$.
- Alle Punkte auf m haben zu A und B den gleichen Abstand.

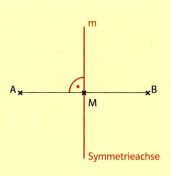

Konstruktion der Mittelsenkrechten m einer Strecke $\overline{AB}$
Konstruktionsbeschreibung:
1. ohne Zirkel

Ermittle mittels des Geodreiecks die Mitte M der Strecke $\overline{AB}$. Zeichne die Orthogonale zu $\overline{AB}$ durch M.

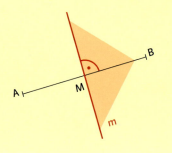

Mittelsenkrechte — Grundkonstruktionen 9

2. mit Zirkel

Zeichne um A und B zwei Kreise mit gleichem Radius, die sich schneiden. Zeichne die Gerade m durch die Schnittpunkte der beiden Kreise.

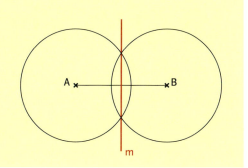

In einem gleichschenkligen Dreieck ist die Mittelsenkrechte der Basis die Symmetrieachse des Dreiecks.

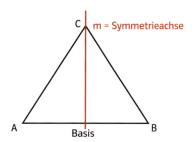

In einem gleichseitigen Dreieck ist die Mittelsenkrechte jeder Seite eine Symmetrieachse des Dreiecks.

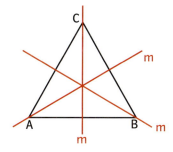

Wissen kurz gefasst

Die Mittelsenkrechte einer Strecke $\overline{AB}$ ist der geometrische Ort aller Punkte, die von A und B den gleichen Abstand haben.
Man kann sie mit und ohne Zirkel konstruieren. In der Geometrie wird jedoch meistens die Variante mit Zirkel verwendet.

9 Grundkonstruktionen — Senkrechte zu einer Geraden

Wir wissen, wie man die Mittelsenkrechte m zu einer Strecke $\overline{AB}$ konstruiert. Können wir damit auch die Senkrechte zu einer Geraden durch einen beliebigen Punkt P konstruieren?

Konstruktion der Senkrechten zu einer Geraden g durch den Punkt P

1. **P liegt auf g (P ∈ g)**
   Konstruktionsbeschreibung:
   - Zeichne einen Kreis um P mit beliebigem Radius r. Er schneidet g in A und B.
   - Konstruiere die Mittelsenkrechte m zur Strecke $\overline{AB}$.

Da die Mittelsenkrechte senkrecht zur Strecke $\overline{AB}$ und damit zur Geraden g ist, ist sie die gesuchte senkrechte Gerade.

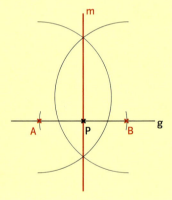

Senkrechte zu einer Geraden — Grundkonstruktionen 9

2. P liegt nicht auf g (P ∉ g)

Konstruktionsbeschreibung:

- Zeichne einen Kreis um P mit beliebigem Radius r, der die Gerade g schneidet. Die Schnittpunkte heißen A und B.
- Konstruiere die Mittelsenkrechte m zur Strecke $\overline{AB}$.

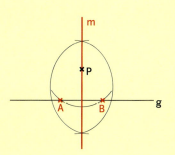

Gegeben ist ein Dreieck ABC. Konstruiere die Senkrechte zur Seite c durch den Punkt C.

Beispiel

Die Strecke $\overline{CH}$ ist eine Höhe des Dreiecks.

Wissen kurz gefasst ✓

Um eine Senkrechte zu einer Geraden g zu konstruieren, nutzt man die Eigenschaften der Mittelsenkrechten einer Strecke.

9 Grundkonstruktionen — Winkelhalbierende

AB 96

Winkelhalbierende
Gegeben ist ein gleichschenkliges Dreieck ABC und die Mittelsenkrechte m zu $\overline{AB}$.
Welche Eigenschaften hat m?

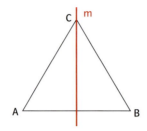

Eigenschaften der Winkelhalbierenden w eines Winkels
- w halbiert den Winkel α.
- Alle Punkte auf w haben von den beiden Schenkeln des Winkels den gleichen Abstand.

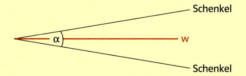

Konstruktion der Winkelhalbierenden eines Winkels
- Zeichne um den Scheitel S des Winkels α einen Kreis. Dieser schneidet die beiden Schenkel in den Punkten A und B.
- Konstruiere die Mittelsenkrechte der Strecke $\overline{AB}$.
- Die Mittelsenkrechte der Strecke $\overline{AB}$ ist die Winkelhalbierende des Winkels α.

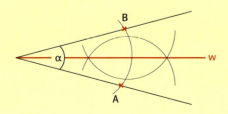

Winkelhalbierende — Grundkonstruktionen 9

In einem gleichschenkligen Dreieck ist die Mittelsenkrechte der Basis c auch gleichzeitig Winkelhalbierende des Winkels γ.

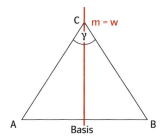

In einem gleichseitigen Dreieck ist die Mittelsenkrechte jeder Seite gleichzeitig Winkelhalbierende zum gegenüberliegenden Winkel.

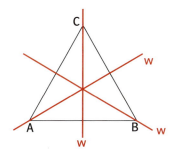

Wissen kurz gefasst ✓

Die Winkelhalbierende ist der geometrische Ort aller Punkte, die von den beiden Schenkeln den gleichen Abstand haben.

9 Grundkonstruktionen — Um- und Inkreis

AB 97

Gabi möchte einen Kreis aus einem dreieckigen Blatt Papier ausschneiden. Wie schafft sie es ohne viel Abfall?

Umkreis

Der **Umkreis** ist der Kreis, der durch alle Eckpunkte eines Dreiecks verläuft. In jedem Dreieck schneiden sich die drei Mittelsenkrechten in einem Punkt, dem Mittelpunkt U des Umkreises.

Die Eckpunkte des Dreiecks haben vom Mittelpunkt des Umkreises den gleichen Abstand.

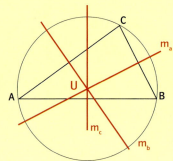

Grundkonstruktionen

Um- und Inkreis

9

Inkreis

Der **Inkreis** ist der Kreis im Inneren eines Dreiecks, der alle drei Seiten berührt.
In jedem Dreieck schneiden sich die drei Winkelhalbierenden in einem Punkt, dem Mittelpunkt I des Inkreises.
Der Mittelpunkt I hat von den drei Seiten den gleichen Abstand.

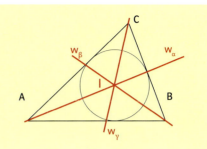

Bestimme den Mittelpunkt eines Kreises.

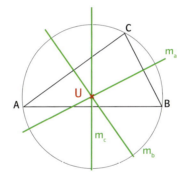

Beispiel

Wissen kurz gefasst ✓

Alle Mittelsenkrechten eines Dreiecks schneiden sich in einem Punkt, dem Mittelpunkt U des Umkreises. U hat von den drei Eckpunkten den gleichen Abstand.
Alle Winkelhalbierenden eines Dreiecks schneiden sich in einem Punkt, dem Mittelpunkt I des Inkreises. I hat von den drei Seiten den gleichen Abstand.

115

9 Grundkonstruktionen — Satz des Thales

AB 98

Zwei Stecknadeln und eine Postkarte „sind" ein Zirkel!

Satz des Thales

Ein Dreieck ABC, dessen Grundseite $\overline{AB}$ der Durchmesser eines Halbkreises ist und dessen Spitze C auf der Kreislinie liegt, ist ein rechtwinkliges Dreieck.
Andere Formulierung:
Ein Winkel, dessen Scheitel auf einer Kreislinie liegt und dessen Schenkel durch die Endpunkte des Durchmessers des Kreises verlaufen, ist ein rechter Winkel.

Umkehrung:
Ist ein Dreieck ABC rechtwinklig, so liegt die Ecke C auf dem Halbkreis über seinem Durchmesser $\overline{AB}$.

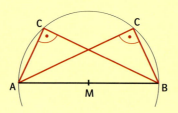

Satz des Thales — Grundkonstruktionen 9

Konstruiere vom Punkt P aus die Tangenten und den Kreis k.

Beispiel

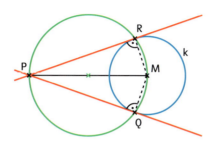

Wissen kurz gefasst ✓

Ein Dreieck ABC, dessen Grundseite $\overline{AB}$ der Durchmesser eines Kreises ist und dessen Ecke C auf der Kreislinie liegt, ist ein rechtwinkliges Dreieck.
Umkehrung:
Ist ein Dreieck ABC rechtwinklig, so liegt die Ecke C auf dem Halbkreis über seinem Durchmesser $\overline{AB}$.

10 Kongruenz   Kongruente Figuren

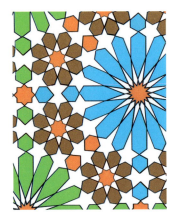

Sind die Blumen kongruent?

Definition
Zwei Figuren heißen **kongruent (deckungsgleich)**, wenn sie in Form und Größe übereinstimmen. Kongruente Figuren passen nach dem Ausschneiden genau aufeinander.

Schreibweise: A ≅ B   sprich: A ist kongruent zu B

Eigenschaften
Stimmen zwei Vielecke in den Längen entsprechender Seiten und der Größe entsprechender Winkel überein, so sind sie kongruent.
Umgekehrt:
Sind zwei Vielecke zueinander kongruent, dann stimmen sie in den Längen entsprechender Seiten und den Größen entsprechender Winkel überein.

Figur und Bildfigur sind nach Achsenspiegelung oder Punktspiegelung zueinander kongruent.

Kongruente Figuren

Kongruenz — 10

Erzeuge durch Achsenspiegelung eine kongruente Figur:

Erzeuge durch Punktspiegelung eine kongruente Figur:

Beispiel

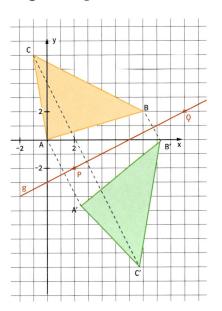
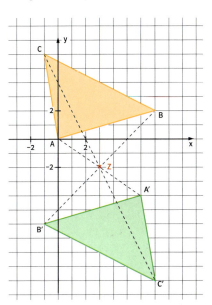

Wissen kurz gefasst ✓

Figuren, die in den entsprechenden Seiten und Winkeln übereinstimmen, sind kongruent zueinander.

A ≅ B   sprich: A ist kongruent zu B

10 Kongruenz

Kongruente Dreiecke

AB 99

Kongruente Dreiecke

Egal, wie du die Bleistifte zu einem Dreieck legst, die Dreiecke sind kongruent zueinander.

Kongruenzsatz sss
Sind bei zwei Dreiecken alle drei entsprechenden Seiten gleich lang, so sind die beiden Dreiecke kongruent.
Die entsprechenden Winkel sind gleich groß.

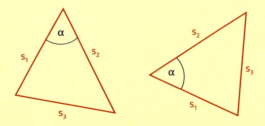

Kongruenzsatz sws
Sind bei zwei Dreiecken zwei entsprechende Seiten gleich lang und ist der eingeschlossene Winkel gleich groß, dann sind die beiden Dreiecke kongruent.

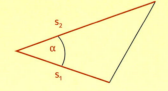
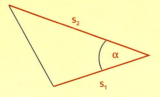

Kongruente Dreiecke — Kongruenz 10

Kongruenzsatz Ssw
Sind bei zwei Dreiecken zwei entsprechende Seiten gleich lang und ist der Winkel, welcher der größeren Seite gegenüberliegt, gleich groß, dann sind die beiden Dreiecke kongruent.

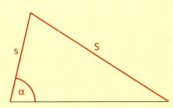

Kongruenzsatz wsw
Ist bei zwei Dreiecken eine entsprechende Seite gleich lang und sind die beiden anliegenden Winkel gleich groß, dann sind die Dreiecke kongruent.

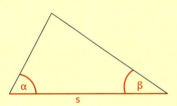
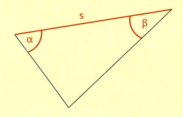

Wissen kurz gefasst ✓

Zwei Dreiecke sind kongruent, wenn sie in den folgenden Größen übereinstimmen:
- drei Seiten (sss)
- zwei Seiten und dem eingeschlossenen Winkel (sws)
- zwei Seiten und dem der längeren Seite gegenüberliegenden Winkel (ssw)
- einer Seite und den anliegenden Winkeln (wsw)

10 Kongruenz

Schnittfiguren

Schnittfiguren

Schneidet man einen Körper durch, so entsteht eine Fläche, die sogenannte Schnittfläche. Wie bestimmt man für beliebige Körper im Raum solche Schnittflächen?

Größen im Raum bestimmen

- Zuerst fertigt man eine räumliche Skizze der Situation an, die die gesuchte Größe enthält.

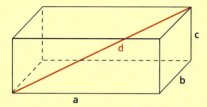

- Nun sucht man eine Schnittfläche, welche die gesuchte Größe enthält.

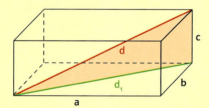

- Manchmal braucht man eine zweite Größe.

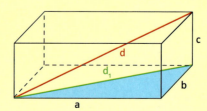

Schnittfiguren   Kongruenz   10

- Konstruiere das Dreieck bzw. die Dreiecke im geeigneten Maßstab.

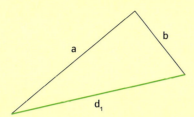

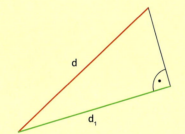

- Miss die konstruierte Länge und rechne sie anhand des Maßstabes um.

Wissen kurz gefasst ✓

Um die Größe einer Figur im Raum zu bestimmen,
- fertigt man zunächst eine Skizze an,
- wählt eine Schnittfläche mit der gesuchten Größe,
- konstruiert das Dreieck im geeigneten Maßstab und
- misst die konstruierte Länge und rechnet sie wieder um.

Register

A
Abstände 106
Additionsverfahren 58
antiproportionale Zuordnungen 38
Äquivalenz 29

B
Basiswinkel 102
Baumdiagramme 24
Binome 86
binomische Formeln 86

D
Dreiecksungleichungen 104
Dreiecke, besondere 102

E
Einsetzungsverfahren 56
erste Lösungsformel für quadratische Gleichungen 94

F
Funktionsgleichung 41

G
gemischtquadratische Gleichungen 82
gleichschenklige Dreiecke 102
gleichseitige Dreiecke 103
Gleichsetzungsverfahren 54
Gleichungen 30
Gleichungen mit zwei Variablen 50
Graphen einer linearen Funktion 44
Graphen einer proportionalen Funktion 42
Grundwert 12

K
Kennzeichen von Funktionen 40
kongruente Dreiecke 120
kongruente Figuren 118
Kongruenzsatz sss 120
Kongruenzsatz Ssw 121
Kongruenzsatz sws 120
Kongruenzsatz wsw 121

L
Laplace-Experiment 20

Register

lineare Funktionen 44
lineare Gleichungen 48
lineare Gleichungssysteme 52
Lösen einer linearen Gleichung 48
Lösen von Gleichungen 30
Lösen von Ungleichungen 32
Lösungsverfahren bei quadratischen Gleichungen 84

M

mehrstufige Zufallsexperimente 24
Mittelsenkrechte 108

N

Nebenwinkel 98
Normalform 74
Normalparabel 66

O

Optimierungsprobleme 76

P

Potenzfunktion 78
Potenzfunktionen mit ungeraden Hochzahlen 79
Potenzfunktionen mit geraden Hochzahlen 78
proportionale Funktionen 42
proportionale Zuordnungen 36
Proportionalitätskonstante 42
Prozentrechnung 6
Prozentsatz 10
Prozentschreibweise 7

Q

quadratische Ergänzung 92
quadratische Funktion 72
quadratische Gleichungen 82, 88, 90
Quadratwurzelfunktion 80
Quadratwurzeln 62

R

Rechenregeln für Terme mit Quadratwurzeln 64
reelle Zahlen 60
reinquadratische Gleichungen 82

Register

S
Satz des Thales 116
Scheitelform 74
Scheitelwinkel 98
Schnittfiguren 122
Senkrechte zu einer Geraden 110
Spezialfälle von Geraden 46
Strecken und Spiegeln der Normalparabel 70
Stufenwinkel 98
Stufenwinkelsatz 99
Summenregel 22

T
Terme 26
Terme mit mehreren Variablen 26
Termumformungen 28

U
Um- und Inkreis 114
Ungleichungen 32

V
Verschieben der Normalparabel 68

W
Wahrscheinlichkeit 18
Wechselwinkel 98
Wechselwinkelsatz 99
Winkel an Geraden 98
Winkelhalbierende 112
Winkelsumme im Dreieck 100
Winkelsumme im Viereck 101
Winkelsummen 100
Wurzelziehen 62

Z
Zinsrechnung 14
Zufallsexperimente 16
Zuordnungen 34
Zuordnungsvorschrift 41
Zusammenhänge im Dreieck 104
zweite Lösungsformel 96

200 Übungen auf CD-ROM passend zu den Seiten im Buch

Im Inhaltsverzeichnis findest du alle Arbeitsblätter.

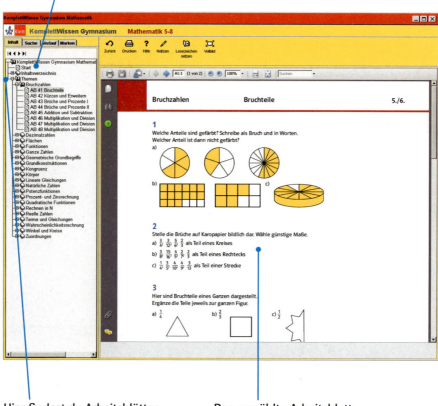

Hier findest du Arbeitsblätter nach Themenbereichen geordnet.

Das gewählte Arbeitsblatt siehst du sofort.
Ausführliche Lösungen bekommst du als Extraseiten nach den Übungen.